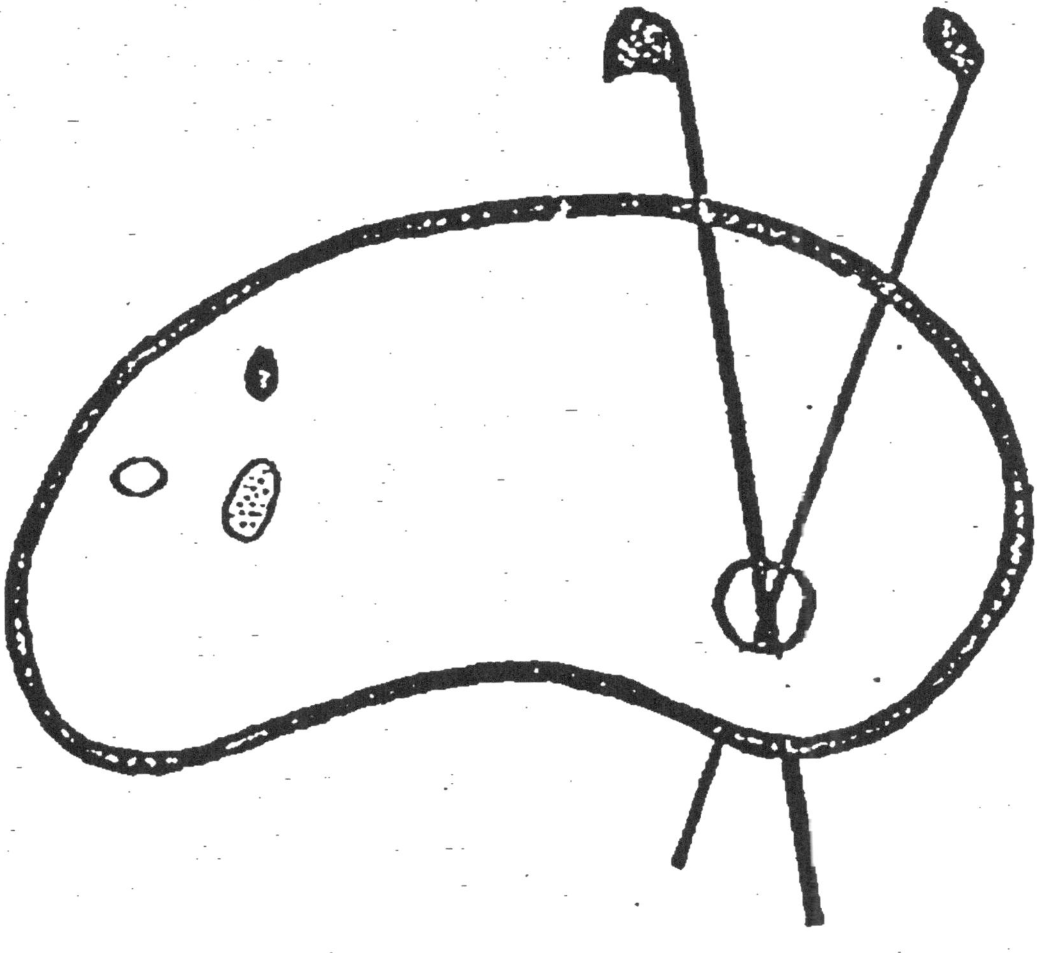

DEBUT D'UNE SERIE DE DOCUMENTS
EN COULEUR

GUE FRANÇAISE DE L'ENSEIGNEMENT

LA QUESTION

DE

L'APPRENTISSAGE

AU SIÈGE DE LA LIGUE FRANÇAISE DE L'ENSEIGNEMENT

PARIS — 3, Rue Récamier

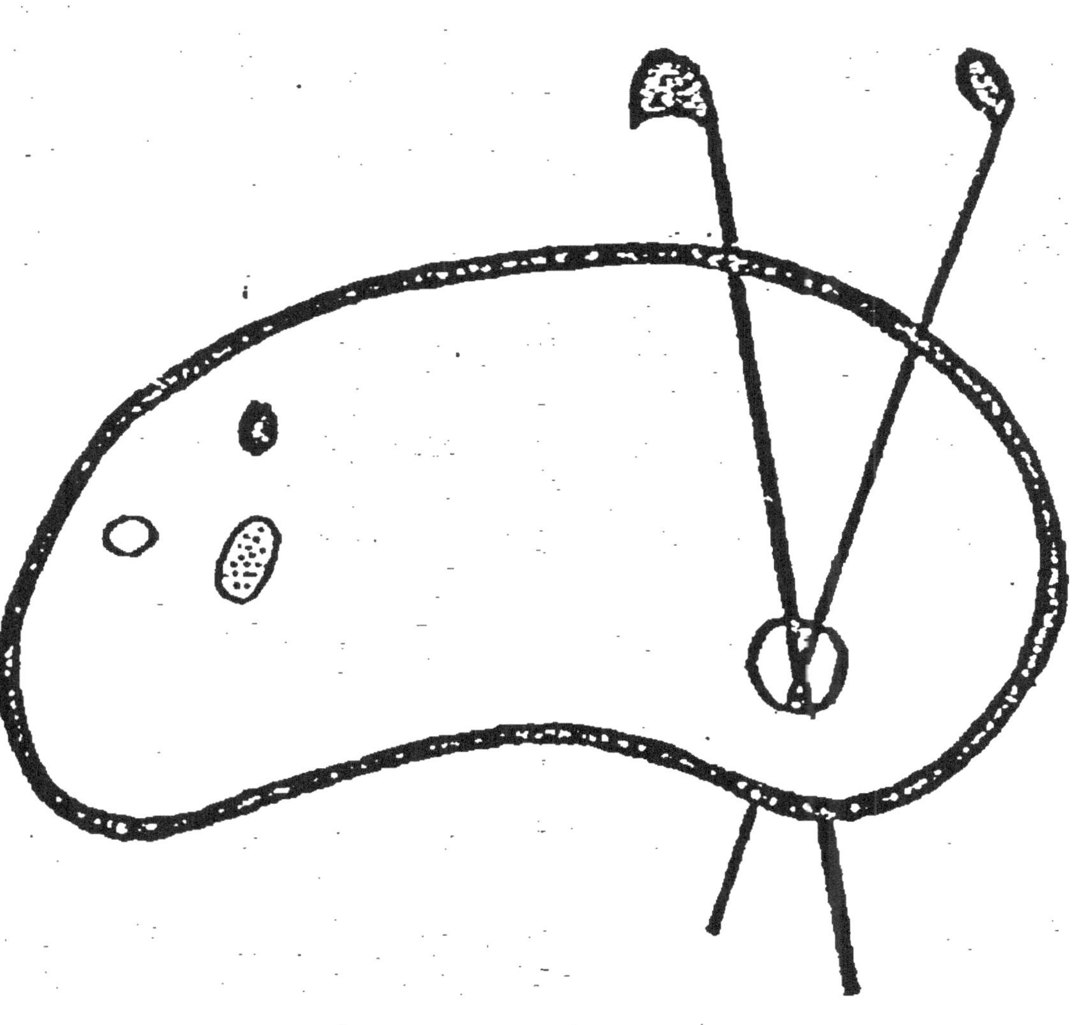

FIN D'UNE SERIE DE DOCUMENTS
EN COULEUR

LA QUESTION

DE

L'APPRENTISSAGE

AU SIÈGE DE LA LIGUE FRANÇAISE DE L'ENSEIGNEMENT

PARIS — 3, Rue Récamier

PRELIMINAIRE

La question de *l'apprentissage* est l'une des importantes qu'il faille résoudre : elle intéresse, au plus haut degré, le présent, et aussi l'avenir de la France.

La Ligue française de l'enseignement, qui en a fait, à maintes reprises, l'objet de ses études, a voulu, en 1911, se livrer à une sorte d'enquête lui permettant d'apporter aux Pouvoirs publics, — avec ses vœux ardents pour une prompte solution que réclame notre démocratie, — un résumé des diverses opinions qui se sont manifestées à l'occasion de ce problème passionnant.

La Commission de l'Enseignement professionnel de la Ligue a pensé que le meilleur moyen de faire aboutir cette enquête était de demander à quelques hommes particulièrement compétents, de venir faire, au siège de la Ligue, un exposé — tant des essais tentés jusqu'à ce jour en France et à l'étranger, — que des idées professées à cet égard soit dans les centres ouvriers, soit dans les milieux patronaux.

Elle a obtenu le concours de :

1° M. BARBE, *professeur à l'école nationale professionnelle d'Armentières*, — qui a, le 22 mai 1911, parlé de la *Situation actuelle de l'Enseignement professionnel en France et à l'étranger* ;

2° M. VILLEMIN, *président de la Fédération nationale du Bâtiment et des travaux publics*, qui a parlé, le lundi 29 mai, du *Problème de l'apprentissage*, et de la solution que souhaitait le groupe patronal auquel il appartient ;

3° M. REMBERT, *ouvrier ferblantier*, qui, le lundi 12 juin, a parlé à son tour, du *Problème de l'apprentissage*, tel que le conçoit le groupe ouvrier important dont il fait partie ;

4° M. DRON, *vice-président de la Chambre des députés et maire de Tourcoing*, qui a, le 26 juin, précisé où en était la question de l'*Enseignement professionnel devant le Parlement*.

Ces quatre conférences ont eu lieu sous la présidence de M. Des-
soye, député, président de la Ligue, pour la première ; — de
M. Astier, sénateur, pour la seconde ; — de M. Ferdinand Buisson, député, ancien président de la Ligue, pour la troisième ; —
de M. Dubief, ancien ministre du Commerce, pour la quatrième.

La Ligue a voulu recueillir le texte de ces conférences qui ont
été écoutées par un auditoire nombreux et vivement intéressé.

Elle y joint une conférence sur l'*Apprentissage agricole* de
M. René Leblanc, *inspecteur général honoraire de l'instruction publique*, conférence faite quelques mois auparavant, mais dont
l'objet spécial complète heureusement les quatre autres.

Enfin, le présent volume donne au lecteur l'ensemble des vœux
émis sur l'Enseignement professionnel, par les Congrès de la Ligue
française de l'Enseignement, tenus à Bordeaux, en octobre 1911, et
à Gérardmer en août 1912.

*
* *

La Ligue remercie encore une fois les vaillants conférenciers qui
ont bien voulu lui apporter leur concours.

Conférence de M. BARBE

Professeur à l'École nationale professionnelle d'Armentières

SITUATION PRESENTE
DE L'ENSEIGNEMENT PROFESSIONNEL
EN FRANCE ET A L'ETRANGER

Mesdames, Messieurs,

Bientôt les pouvoirs publics vont être appelés à délibérer sur divers projets de loi tendant à réglementer ce que nous appelons notre charte de l'enseignement technique, c'est-à-dire à donner à l'ensemble des établissements scolaires ressortissant au ministère du Commerce une organisation harmonieuse et à répandre en même temps, dans les centres qui en ont besoin, ces cours de perfectionnement si impatiemment attendus de tous ceux qui ont souci du développement économique de notre pays.

La Ligue de l'Enseignement a pensé, avec juste raison, que l'heure était venue d'éclairer l'opinion sur les diverses questions qui se rapportent à l'enseignement professionnel et, en particulier, sur les solutions qui peuvent être apportées au problème délicat et complexe de l'apprentissage. Je ne puis que l'en féliciter.

Je vais, en quelque sorte, amorcer le sujet, en examinant, surtout à titre pédagogique, quelle est, à l'heure présente, la situation de l'enseignement professionnel tant en France qu'à l'étranger.

L'enseignement professionnel, tel que je l'envisagerai, ce soir, sera restreint à l'enseignement industriel et commercial.

En toute justice, il faudrait y rattacher l'enseignement agricole, mais, outre que le sujet ainsi compris dépasserait en étendue les limites habituelles d'une conférence, j'avoue mon incompétence absolue en matière de pédagogie agricole (1).

L'enseignement professionnel, ainsi entendu, est donné actuellement en France principalement par les écoles techniques du degré primaire, régies par le ministre du Commerce.

Je n'ignore pas, Messieurs, que d'autres écoles professionnelles existent chez nous, parmi lesquelles il est juste de citer un certain nombre d'écoles primaires supérieures à tendance professionnelles plus ou moins marquées et quelques établissements privés.

Mais, comme ce sont les écoles du ministère du Commerce qui assurent le mieux et le plus pleinement l'instruction professionnelle, je les prendrai comme écoles-types, comme écoles modèles pour exposer comment cet enseignement est organisé en France.

Les écoles professionnelles de degré primaire sont actuellement au nombre — bien insuffisant — d'environ 80. Elles comprennent : 15 écoles professionnelles de la Ville de Paris, — 2 écoles nationales d'horlogerie, — 4 écoles nationales professionnelles — et environ 60 écoles pratiques de commerce et d'industrie.

Toutes ces écoles sont d'origine récente, beaucoup plus récente que nos établissements techniques de degré supérieur et de degré secondaire.

Tandis, en effet, que la première école des Arts-et-Métiers ouvrit ses portes sous la Convention en 1795, que l'Ecole centrale fonctionna en 1829 et l'Ecole supérieure de Commerce de Paris en 1820, les écoles d'enseignement professionnel primaire ne datent que de la loi du 11 décembre 1880 et, en réalité, elles ne furent orientées vers un but pratique que par la loi du 26 janvier 1892 qui les rattacha au ministère du Commerce.

A quoi tient, Messieurs, un tel retard apporté à leur création ?

Est-il dû à l'indifférence des pouvoirs publics à l'égard de l'enseignement qui convient le mieux à la classe populaire ?

Non, Messieurs. C'est là, au contraire, un fait normal de la vie économique de notre pays, comme d'ailleurs des autres pays qui se trouvent sur ce point dans le même cas que nous.

En effet, pendant la première moitié du xixe siècle, les industriels se chargeaient eux-mêmes de l'apprentissage de leurs ouvriers. L'Etat n'avait donc pas à intervenir et il se bornait à assurer

(1) Voir ci-après la conférence de M. René Leblanc sur *l'apprentissage agricole*.

le recrutement de l' «état-major » des usines et du commerce, se contentant, pour cela, de donner son appui à nos grandes écoles techniques supérieures et secondaires.

Mais quand, par suite des transformations de la vie industrielle et pour d'autres causes non seulement d'ordre économique, mais aussi d'ordre social et législatif, on s'aperçut que l'industrie ne formait plus d'apprentis, alors on sonna l'alarme et l'on songea à remédier à cette situation en organisant l'apprentissage par l'école et dans l'école. *Ainsi nos écoles professionnelles sont nées de la crise de l'apprentissage.*

Quant à nos sections commerciales, elles sont la résultante, elles aussi, d'une transformation d'un autre genre survenue dans le commerce international.

Pendant longtemps, chez nous, comme dans d'autres pays, en Angleterre notamment, on vécut sur cette erreur que, pour faire un bon commerçant, il n'est pas besoin de connaissances spéciales apprises à l'école et qu'il suffit de passer quelques années dans un magasin ou à un comptoir.

Nous devions avoir, comme les Anglais, un pénible réveil. Au lendemain de nos désastres de 1870, nous vîmes tout à coup l'Empire allemand se dresser, sous l'impulsion de Bismarck, comme un concurrent redoutable sur le champ de bataille économique. Le commerce de l'Allemagne croissait d'un façon extraordinaire et chaque année se terminait par des statistiques en progrès considérable ; chaque année, l'Allemagne trouvait de nouveaux débouchés dans l'univers entier au point d'inquiéter les vieilles nations industrielles et commerçantes, l'Angleterre et la France. On fit alors des enquêtes et l'on s'aperçut que doucement, silencieusement, l'Allemagne s'était préparée scientifiquement à la lutte économique, comme elle l'avait fait auparavant avec de Moltke pour la lutte militaire. On découvrit toute une floraison d'écoles et de cours de commerce parfaitement organisés et parfaitement documentés sur l'état des marchés et des goûts de la clientèle. Là était le secret de son triomphe.

Alors on se mit à l'œuvre chez nous, comme dans les autres pays et l'on comprit qu'il était temps de rajeunir des méthodes de commerce surannées et de rendre rationel ce qui, en cette matière, avait été jusque-là routinier. De là sortit notre enseignement commercial qui, depuis, fut intimement uni aux destinées de notre enseignement industriel.

Qu'avons-nous fait de cet enseignement qui venait d'éclore en France ? Quelle orientation lui avons-nous donnée ?

Ce qui frappe tout d'abord quand on examine l'organisation de nos écoles, c'est l'effort manifeste qui a été fait en vue de les rendre utilisables tant pour les diverses localités qui en demandaient la création et en assumaient, en partie, la charge, que pour les élèves qui allaient être appelés à en bénéficier.

De là, ce premier caractère qui les distingue, c'est que, pour satisfaire aux nécessités de l'industrie ou du commerce local, ces écoles ont été adaptées admirablement aux besoins spéciaux des diverses régions de notre pays. Ainsi l'on s'est bien gardé de leur donner une réglementation uniforme et rigide, analogue à celle de nos lycées et collèges : on les a, au contraire, dotées de programmes d'une souplesse extrême, qui peuvent toujours être modifiés ou complétés quand le besoin s'en fait sentir.

Et voilà comment si, dans l'ensemble, l'enseignement manuel du bois et du fer constitue, comme le fond de nos sections industrielles, parce que c'est l'enseignement qui répond à la généralité des besoins, on a vu se créer à côté de ces ateliers, toute une foule d'ateliers spéciaux, appropriés aux besoins mêmes de l'industrie et du commerce local.

C'est ainsi que l'on a installé des ateliers de filature et de tissage dans nos centres textiles de Saint-Étienne, Elbeuf, Fourmies, Vienne, Roanne, Reims, Armentières, Voiron, — des ateliers d'horlogerie et de lunetterie à Morez, — d'armurerie à Saint-Étienne, — de coutellerie à Thiers, — de chaussures à Romans, — de teinturerie à Reims, — d'imprimerie à Lille, — de dentelle au Puy, etc.

En outre, en même temps qu'on s'efforçait de pourvoir aux besoins industriels et commerciaux des localités, on orientait l'enseignement professionnel vers les réalités de l'apprentissage. Le mot d'ordre fut — et il est contenu dans les décrets organiques qui régissent nos écoles — *d'arriver à produire des ouvriers et des employés, immédiatement utilisables au comptoir et à l'atelier.*

Pour y parvenir, on comprit que la pédagogie pure serait infructueuse et qu'il fallait, en cette matière, faire appel aux conseils des spécialistes, des professionnels. Et voilà comment fut imaginée cette très heureuse institution des conseils de perfectionnement qui, composés en grande partie d'industriels et de commerçants, et aidés par des inspecteurs régionaux et départementaux recrutés eux aussi dans le monde des affaires, allaient indiquer aux pédagogues ce qu'il fallait faire et comment s'y prendre pour réaliser une œuvre utile aux enfants qui nous seraient confiés.

C'était là, sans doute, un fait nouveau, presque une révolution en matière de pédagogie. Pour la première fois, peut-être, la pédagogie sortait de la tour où elle s'était si longtemps enfermée et prenait enfin contact avec le monde extérieur et ses réalités.

Alors, de cette collaboration des techniciens et des pédagogues sortirent des écoles d'un genre nouveau où, à côté de l'enseignement général on prétendit assurer, et où l'on assure réellement un enseignement professionnel.

Mais il fut entendu que l'enseignement théorique ne serait jamais donné pour lui seul, qu'il devait, au contraire, converger toujours vers la pratique, s'unir intimement à elle, l'éclairer, l'expliquer, la soutenir. De cette façon, l'atelier et le bureau commercial devenaient en quelque sorte le centre, l'âme même de l'école.

Comme il y avait là une difficulté assez sérieuse d'application, au début surtout, alors qu'on ne possédait pas encore de personnel spécialement préparé à cette tâche, le ministère crut utile de rédiger toute une série d'instructions pédagogiques indiquant les règles générales à suivre pour ne pas faire dévier notre enseignement et pour lui conserver toujours, quelle que fût la matière enseignée, sa tournure nettement professionnelle.

Permettez-moi de vous en faire connaître quelques-unes que je vais prendre précisément dans les matières que l'on considère le plus souvent comme ayant un but purement désintéressé. Vous y verrez comment il est possible de faire servir l'enseignement général à l'enseignement professionnel et comment par là on peut, dans nos écoles, armer des enfants pour la vie :

Français. — En première année, on donnera aux élèves des lettres familières, des récits, des narrations simples, des descriptions. On ne doit proposer aux élèves que la description de choses ou de scènes qu'ils ont vues, observées, qui leur sont connues... Il ne sera pas sans profit d'habituer ces enfants à décrire de vive voix des objets d'un usage courant : un outil, une machine simple, etc., en les obligeant à veiller à la précision et à la correction du langage.

En troisième année, on traitera, en outre, des lettres d'affaires, des pétitions, des demandes, des rapports industriels, des comptes rendus d'excursions scientifiques, des rédactions de procès-verbaux, des narrations ou des récits se rapportant à la compagnie ouvrière. Le professeur appellera l'attention des élèves sur la forme matérielle à donner aux lettres, aux demandes et pétitions, aux rapports.

Histoire. — La rédaction du programme indique assez qu'il faudra être sobre de détails sur les faits de la politique extérieure et particulièrement de l'histoire militaire.

C'est surtout sur l'histoire des mœurs, des institutions, des idées, sur les progrès de la civilisation, en un mot, qu'il faudra insister. En outre, on ne saurait perdre de vue que les enfants qui fréquentent les écoles pratiques doivent vivre plus tard de la vie industrielle et commerciale, et que, par conséquent, tout ce qui se rapporte à l'histoire de l'industrie et du commerce, à l'histoire économique, doit être, de leur part, l'objet d'une attention spéciale.

GÉOGRAPHIE. — Plus que la géographie physique ou la géographie politique, les questions de géographie économique devront retenir l'attention du professeur.

ARITHMÉTIQUE. — L'enseignement de l'arithmétique a pour but d'exercer les élèves à calculer vite et bien, de les mettre à même de résoudre tous les petits problèmes qu'ils sont appelés à rencontrer plus tard dans l'exercice de leur profession. A cet effet, on accordera une importance particulière au calcul écrit et au calcul mental.

...Les exercices d'application seront empruntés au commerce et à l'industrie, à la vie courante, au domaine des autres cours, à la spécialité professionnelle des élèves. Voici, à ce sujet, quelques indications :

a) Vérifier le montant d'une facture en tenant compte d'un escompte de caisse, d'une remise sur certains articles ;

b) Evaluer un volume, un poids de matière première d'après un croquis côté pris à l'atelier ;

c) Etablir un salaire hebdomadaire ou mensuel en tenant compte des retenues pour les caisses de maladie, de chômage, de retraite, etc. ;

d) Vérifier une feuille d'imposition en tenant compte du principal et des centimes additionnels ;

etc., etc.

CHIMIE. — Le but à atteindre est que l'élève possède sur les principes fondamentaux de la chimie, sur les propriétés essentielles des matériaux dont il aura à se servir, sur leurs usages, le mode de travail spécial à chacun d'eux, des connaissances simples mais sûres, applicables à la profession qu'il a embrassée.

Voilà, Messieurs, de quelle façon l'enseignement général concourt à l'éducation professionnelle.

Mais ce n'est pas tout. Comme l'enseignement général ne vient en quelque sorte qu'à titre d'auxiliaire, une dernière disposition a été prise : pour éviter que cet enseignement finisse par l'emporter sur l'enseignement professionnel, on l'a réparti de telle façon qu'il ait en grande partie achevé sa tâche en fin de deuxième année. Alors il s'efface graduellement pour faire place à un enseignement professionnel intensif. C'est ainsi qu'en troisième année, si les deux premiers trimestres comportent encore quelques notions d'enseignement théorique, par contre, le dernier trimestre est consacré presque en entier aux travaux techniques, notamment aux travaux d'atelier, afin de permettre à l'élève d'achever son apprentissage, de s'entraîner par des séances d'atelier de plus en plus longues — qui atteignent jusqu'à huit heures par jour, — à produire, à l'usine où il entrera bientôt, un travail apprécié et comme qualité et comme rapidité d'exécution (1).

(1) On alla même plus loin : on vit certaines écoles — comme celle de

Telle est, Messieurs, esquissée dans ses grandes lignes, l'organisation générale de nos écoles professionnelles.

Comme vous le voyez, on s'est efforcé de leur permettre, par une pédagogie consciente des réalités, d'assurer à leurs élèves, une connaissance de leur profession qui fût autre chose que de la pratique routinière du métier.

Malgré cela, les critiques ne nous manquèrent pas, et l'on vit dès le début de l'entreprise, se lever contre l'enseignement nouveau, deux adversaires que l'on n'a pas l'habitude pourtant de voir souvent d'accord. C'était : d'une part les intellectuels purs qui jugeaient notre enseignement un non-sens, presque une absurdité pédagogique et lui contestaient toute portée éducative, — et, d'autre part, certaines gens pratiques qui, en nous voyant élever ces écoles si pittoresques avec leurs ateliers installés à la façon de ceux de l'industrie, leur haute cheminée, ne nous prenaient pas au sérieux. Ils crurent que le gouvernement allait faire jouer nos élèves à l'employé et à l'ouvrier, comme il nous avait fait jouer, dans notre jeune âge, aux bataillons scolaires et ils se refusaient à admettre que l'on pût jamais assurer un apprentissage efficace dans l'atelier de l'école. A notre thèse : l'apprentissage est possible à l'école, ils opposaient la leur : l'apprentissage n'est possible qu'à l'usine et dans l'atelier de l'usine.

Alors, il fallut engager une véritable bataille qui, à certaines heures, même, fut violente.

Il fallut démontrer aux intellectuels que l'enseignement général n'est pas seul éducatif, que l'enseignement professionnel développe, lui aussi, à sa façon, les facultés de l'enfant, qu'il fait appel, comme les humanités à l'observation, au jugement, au raisonnement, à l'imagination même.

Il fallut encore convaincre les gens pratiques que l'apprentissage à l'école a au moins cet avantage sur l'apprentissage dans l'industrie d'être dégagé de toute préoccupation lucrative, d'être moins assujetti aux hasards et aux nécessités de la production quotidienne et de pouvoir, par suite, assurer un enseignement plus méthodique, plus gradué et, grâce à l'appui de l'enseignement théorique, plus complet et plus scientifique.

Aussi, malgré l'opposition qu'elle rencontrait, l'idée faisait son

Tourcoing — obtenir des industriels des commandes effectives, qui, exécutées aux ateliers de l'école, dans les mêmes conditions qu'à l'usine, mettaient réellement l'élève aux prises avec les difficultés du travail industriel. (Voir des détails sur ce point dans un article très documenté de M. Lablé, inspecteur général de l'enseignement technique, publié par la *Revue de l'enseignement technique*, numéros 5 et 6).

chemin et bientôt les promoteurs de l'enseignement professionnel eurent la joie de voir se grouper autour d'eux un nombre toujours plus grand, d'industriels et de commerçants.

On vit des parlementaires, des publicistes, des professeurs de nos vieilles Universités, des philosophes même s'intéresser à notre enseignement nouveau, et l'un d'entre eux, non des moindres, M. G. Séailles, prenait courageusement au Congrès des' jeunesses laïques, tenu à Marseille, en 1906, la défense de l'enseignement professionnel et en proclamait hautement la large portée éducative.

Il disait : « Il ne s'agit pas d'affaiblir la classe des travailleurs en lui enlevant les meilleurs de ses enfants pour les envoyer au lycée et en faire des désadaptés. Il s'agit de préparer les citoyens d'une société où le travailleur serait relevé, parce que le travail, loin d'impliquer une sorte d'abêtissement par la routine et par le surmenage, *serait un principe même de l'éducation qui assurerait le plein développement de la personnalité.* Seule, l'organisation progressive d'une culture appropriée aux besoins et aux fonctions de la classe des travailleurs lui donnera son maximum de valeur, et par là même, de puissance et d'influences sociales.

« Pour faire ces travailleurs d'élite, multiplions les écoles primaires supérieures, les écoles professionnelles et techniques *où l'on s'efforce de relier le travail aux vérités théoriques qu'il met en œuvre et aux vérités morales qu'il révèle à celui qui sait en entendre les enseignements.* »

Et, parallèlement à cet encouragement qui venait de si haut, l'enseignement professionnel voyait venir à lui les industriels et les commerçants qui, par leur présence dans les conseils de perfectionnement, par la direction qu'ils avaient imprimée à nos écoles pouvaient juger de la valeur pratique de notre enseignement. Ils firent mieux, Messieurs, ils prirent nos élèves dans leurs ateliers, à leurs comptoirs, et, quand ils eurent reconnu que ces élèves étaient parfaitement utilisables, ils n'hésitèrent pas à le proclamer, eux aussi.

Je pourrais vous lire des attestations émanant des plus hautes sociétés industrielles et des plus grandes maisons de banque et de commerce, ou des déclarations formelles de directeurs d'écoles, venant affirmer que non seulement ils n'éprouvent pas de difficultés à placer leurs élèves, mais que le plus souvent, ces élèves ont une situation assurée, même avant la fin de leur scolarité.

Nous avons dans nos écoles professionnelles un outil excellent, d'une souplesse extrême, parfaitement adapté aux besoins économiques de notre pays. Nous avons là des établissements logiquement organisés parce qu'on allie dans un accord parfait, l'enseignement général et l'enseignement professionnel, des établissements que l'étranger nous envie (je vous le prouverai tout à l'heure), qui sont goûtés et appréciés du monde des affaires et recherchés par la classe ouvrière, parce qu'elle sait qu'elle y trouvera un enseignement profitable pour ses enfants.

*
* *

Mais est-ce à dire que nos écoles professionnelles suffisent à l'heure actuelle pour répondre à tous les besoins de l'industrie et du commerce, comme à ceux de la classe ouvrière toute entière ?

Non, Messieurs, et, pour nous en rendre compte, il suffit d'examiner les statistiques suivantes : actuellement les diverses écoles professionnelles, tant de l'Etat que privées, assurent l'instruction de 25.000 élèves. Or, le nombre de jeunes gens des deux sexes, âgés de moins de 18 ans, employés dans l'industrie et le commerce, s'élève à 955.000. Cela fait donc 930.000 jeunes gens qui ne peuvent suivre les cours d'une école technique quelconque. Dans de telles conditions, que peut représenter l'enseignement donné dans nos écoles ?

Comment donc assurer à cette masse si intéressante des travailleurs de l'usine ou du magasin les bienfaits d'un enseignement professionnel rationnel ? C'est la question de l'heure présente.

On ne peut pas raisonnablement songer à faire suivre à toute cette jeunesse les cours complets d'une école technique. Cela est sans doute regrettable, mais songez aux charges énormes qui en résulteraient pour les budgets de l'Etat, des départements ou des communes. Puis, en agissant ainsi, n'irait-on pas à l'encontre des désirs les plus légitimes de la classe ouvrière qui a hâte et besoin de gagner son pain de bonne heure.

Alors, on a pensé à organiser des cours de perfectionnement, qui, tout en permettant à l'apprenti de travailler à l'usine, lui assureraient un supplément de connaissances théoriques absolument indispensable à qui veut être autre chose qu'un manœuvre.

Depuis longtemps déjà, l'initiative privée ou les communes ont fait dans ce sens des œuvres dont quelques-unes sont admirables. Depuis longtemps aussi l'Etat s'empresse de leur apporter, à l'aide de subventions, sa collaboration et ses encouragements.

Qui ne connait, Messieurs, la Société philotechnique de Paris qui peut montrer avec fierté ses 7.058 élèves, la Société d'enseignement professionnel du Rhône, à Lyon, qui pourvoit à l'instruction de 5.632 élèves, les cours industriels et commerciaux organisés dans le département du Nord par M. Labbé, et qui, au nombre de 335, réunissent 4.730 jeunes gens, les cours techniques de la fédération générale des mécaniciens, chauffeurs et électriciens des chemins de fer et de l'industrie suivis par 3.631 auditeurs, la Société industrielle de Saint-Quentin et de l'Aisne qui assure des compléments d'enseignement technique à 2.298 élèves, les cours professionnels de la Bourse du Travail de Marseille, fréquentés par 1.324 auditeurs, la Société industrielle d'Amiens avec son effectif de 1.084 élèves et enfin les cours créés à Paris par MM. Jully et Rocheron et qui ne comptent pas moins de 1.400 inscrits ?

Mais à côté de ces noms qui brillent d'un éclat particulier sur la liste des cours subventionnés par le ministère du Commerce, combien d'autres paraissent ternes, combien de villes importantes même ne sont pas représentées !

Donc, ce qui a été fait est bien peu en regard de ce qui reste à faire, et, pour nous en rendre compte exactement, il suffit de relever le nombre total d'élèves inscrits à ces divers cours. Or, les statistiques récentes nous apprennent que, sans tenir compte du déchet inévitable et qui, au dire de M. Merckling, directeur de l'Ecole de Commerce de Bordeaux, doit être évalué à 50 0/0, les cours actuels parviennent à peine à assurer l'instruction à 100.000 jeunes gens. Ainsi près de 90 0/0 des jeunes Français employés dans le commerce et l'industrie se trouvent privés des bienfaits d'une instruction technique rationnelle. De telles constatations sont vraiment lamentables !

Aussi, Messieurs, les amis de l'enseignement professionnel, des hommes politiques, des industriels et des commerçants (ceux qui sont conscients de leur intérêt et de leurs devoirs envers la classe ouvrière) se sont émus d'une telle situation et ils ont pensé que, pour remédier à la mollesse de l'initiative privée, une loi était nécessaire si l'on voulait aboutir à assurer à toute la jeunesse ouvrière un apprentissage qui permît à chaque individu de tirer parti de sa propre valeur et de ses dispositions naturelles qui sommeillent peut-être, faute d'instruction.

De là sont sortis divers projets de loi, notamment ceux de MM. Dubief, Astier et Dron, ainsi que le très intéressant projet de M. Buisson sur le préapprentissage, projets que le Parlement examinera sous peu et sur lesquels MM. Villemin, Rambert et Dron vous parleront dans les conférences qui vont suivre.

J'ai hâte, en effet, que nous quittions notre pays pour examiner rapidement ce qui s'est fait à l'étranger en matière d'enseignement professionnel et pour nous rendre compte où nous en sommes par rapport aux autres pays et ce que nous pouvons glaner d'une comparaison faite avec eux.

Une première réflexion s'impose. C'est que si les questions d'enseignement professionnel ont été aussi âprement discutées à l'étranger que chez nous, l'étranger a au moins un avantage, pour certains pays, c'est d'avoir marché plus vite que nous, et, s'il ne nous dépasse pas en qualité, d'avoir réalisé une somme de résultats beaucoup plus considérable que nous.

Il suffit pour s'en convaincre, d'examiner les statistiques suivantes qui ne manquent pas d'être suggestives.

Voici d'abord la comparaison entre le budget de l'enseignement professionnel dans trois États européens et le nombre d'élèves qui suivent, soit des écoles, soit des cours d'enseignement professionnel. Ces statistiques sont de 1907 :

France. — Budget : 7 millions de fr. Élèves : 125.000.
Allemagne. — Budget : 35 millions de fr. Élèves : 600.000.
Hollande. — Budget : 2.775.000 fr. Élèves : 37.631.

D'où il résulte que, pour une population de 39 millions d'habitants, la France devrait avoir, par rapport à l'Allemagne, un budget de 23 millions de francs et une population scolaire de 400.000 élèves, et, par rapport à la Hollande, un budget de 23 millions de francs et une population scolaire de 253.000 élèves.

Comme vous le voyez, nous sommes loin de compte avec nos modestes 7 millions de crédit et notre contingent de 125.000 auditeurs.

Mais voici qui est plus frappant encore. Si, en regard de ces chiffres, nous examinons dans quelle proportion le commerce extérieur de ces différents État a progressé pendant la période décennale de 1897 à 1907, nous trouvons que, si le commerce extérieur de l'Allemagne et celui de la Hollande ont doublé, le nôtre a progressé seulement de 63 0/0.

Évidemment, Messieurs, je n'irai pas jusqu'à affirmer que cette infériorité de la progression de notre commerce extérieur n'est due qu'à l'insuffisance de notre enseignement professionnel. Mais peut-on dire qu'il n'y a pas une relation étroite entre ces deux faits? Pour moi, je suis convaincu qu'il y en a une et je crois qu'on peut l'exprimer ainsi : Quand un pays s'efforce d'avoir des ouvriers bons producteurs et des voyageurs de commerce possédant la pratique de plusieurs langues et une connaissance raisonnée des produits qu'ils offrent, de leur fabrication, de leur adaptation aux goûts de la clientèle, ce pays a plus de chance d'accroître son chiffre d'affaires qu'un pays chez lequel tout est resté routinier.

*
* *

Entrons, maintenant, Messieurs, dans le détail de l'organisation de l'enseignement professionnel à l'étranger.

En ce qui concerne les écoles, il semble qu'en laissant de côté les détails d'organisation et de méthodes qui nécessairement varient d'un pays à un autre, on puisse ramener les systèmes pédagogiques en vigueur à trois types différents : le système français, le système allemand et le système anglais et américain.

Ce qui caractérise le *système français*, nous l'avons vu, c'est l'introduction de l'atelier à l'école, l'union intime de la théorie et de la pratique et leur collaboration par l'atelier et le bureau commercial dans le but de rendre nos élèves immédiatement utilisables dès leur sortie, à l'usine ou au magasin. Cette conception est celle d'un grand nombre d'Etats, notamment de la Belgique, de la Hollande, de l'Autriche-Hongrie, de la Suisse et du Japon. Il y a même, dans ces pays, certaines écoles, telle l'école de mécanique de Genève, qui vont jusqu'à recevoir des commandes de l'extérieur et les font exécuter dans leurs ateliers pour habituer les élèves à calculer le prix de revient exactement comme un patron.

Tout différent est le *système allemand*. En Allemagne, on ne croit pas à la valeur de l'enseignement manuel donné à l'école et l'on exige des élèves qui veulent suivre les cours d'une école technique d'avoir, au préalable, fait un stage plus ou moins long dans l'industrie. L'atelier avant l'école, tel est le programme.

Enfin, *système anglais*. En Angleterre et aux Etats-Unis, si l'on croit, comme en Allemagne, que l'usine est la seule place où l'apprentissage puisse se faire réellement et pratiquement, cependant on a annexé des ateliers aux écoles.

Mais, contrairement à ce qui se fait chez nous, l'enseignement à l'atelier ne vise pas à former un apprenti complet pour une profession déterminée. Il se borne à préparer l'apprentissage qui se fera plus tard à l'usine et l'école se contente de donner au futur apprenti des connaissances générales nécessaires à tout artisan et une vue d'ensemble du métier. D'ailleurs, dans ce système, la durée des séances d'atelier est très réduite. Elle ne compte guère que six à huit heures par semaine alors que, dans le système français, on arrive à atteindre huit heures par jour d'atelier en fin de scolarité.

Le système anglais ressemble donc à une sorte de préapprentissage, plus développé, plus étendu, plus scientifique sans doute, que celui que nous nous proposons d'instituer dans nos écoles primaires publiques et analogue à celui qui fonctionne dans un grand nombre d'écoles primaires supérieures.

Cependant, Messieurs, je dois ajouter que ni le système anglais, ni le système allemand ne satisfont tous ceux qui s'occupent en Angleterre, en Allemagne et aux Etats-Unis, des questions d'enseignement professionnel.

On a été frappé, dans ces pays, tant par les spécimens que nos écoles ont produits aux diverses expositions que par les enquêtes faites sur place, chez nous. par des délégués de ces gouvernements, des résultats que nous obtenons.

Et voici maintenant ces pays qui adoptent nos méthodes. Voici l'Allemagne qui vient de créer des écoles avec atelier, les « Lehrwerkstässe » ou « écoles d'atelier » et l'on peut en voir fonctionner à Munich, Fracfort et Mulhouse. Voici l'Angleterre qui se plaint de l'insuffisance de ses ouvriers d'élite et annexe des ateliers à ses polytechnics, témoin ceux qu'elle a établis à Londres, dans « Regent Street » et « People's Palace ». Voici enfin les Etats-Unis eux-mêmes qui imitent notre exemple. Ecoutez ce que nous dit sur ce point M. Beaufils, directeur de l'Ecole pratique de Saint-Etienne, dans le *Bulletin pour le développement de l'enseignement technique* (avril 1910) :

« Je veux parler, dit-il, de la visite d'un directeur d'une grande école de Lawrence envoyé en mission par l'Etat de Massachussetts pour étudier en France les améliorations que le gouvernement de cet Etat désire apporter à l'organisation de l'enseignement, notamment pour la partie apprentissage, enseignement technique primaire. Ce monsieur me faisait remarquer en visitant l'école de Saint-Etienne. combien était grande sa surprise de trouver chez nous une liste aussi longue d'écoles, où une théorie simple, des études expérimentales. et le travail à l'atelier s'associent aussi merveilleusement pour préparer depuis l'âge de douze et treize ans ces futurs intermédiaires entre le manœuvre et l'ingénieur, intermédiaires qui font défaut en Amérique, comme en Angleterre.

« A Boston, me disait-il. comme dans la plupart de nos grandes
« villes, vous trouvez de belles universités scientifiques, techniques
« même, des établissements superbes et supérieurement outillés,
« mais c'est en vue de la préparation des jeunes gens de dix-huit

« à vingt-cinq ans, des futurs ingénieurs, des futurs chefs de ser-
« vices.

« Nous avons dirigé tous nos efforts de ce côté en négligeant
« l'enseignement plus modeste, plus pratique que vous donnez ici,
« nous nous sommes contentés d'un peu de travail manuel comme
« exercice ordinaire dans les classes suivies par les enfants de sept
« à quatorze ans, c'est une erreur que nous reconnaissons, dont
« nous commençons à ressentir les conséquences et que nous vou-
« lons corriger immédiatement. Il y a bien, ajoutait-il, quelques
« écoles d'apprentissage se rapportant à la spécialité qui fait l'ob-
« jet de l'industrie d'un grand centre, mais elles sont rares, parce
« qu'elles sont dues à une généreuse fondation ou à l'initiative
« d'un philanthrope millionnaire.

« Chez vous, j'admire ce groupement d'industries locales si va-
« riées, d'industries qui se complètent pour ainsi dire et donnent
« par leur ensemble une sorte de réduction du travail de la grande
« cité.

« Je vous souhaite, terminait-il, un legs comme les Universités
« ou les Facultés des États-Unis sont susceptibles d'en recevoir :
« avec le dixième de celui dont vient d'être dotée la vieille et célè-
« bre Université de Harvard vous feriez, j'en suis convaincu, des
« merveilles. Le legs est de 35 millions. »

Et cette enquête a déjà produit des résultats, puisque, à l'heure
actuelle, nous voyons s'ouvrir aux États-Unis, de nombreuses écoles professionnelles similaires des nôtres. Mais alors on va bien
plus loin là-bas que chez nous et l'on a installé des écoles professionnelles qui sont, au dire d'un publiciste, de véritables « bazars
d'ateliers » et où, à côté des sections d'ouvriers du bois et du fer,
l'on peut voir fonctionner des ateliers de maçons, de plafonneurs,
de peintres, de plombiers, de coiffeurs même. Il y a une école de
ce genre à New-York et elle est très prospère puisqu'elle est fré-
quentée par 223 élèves de jour et 448 du soir.

Tels sont, Messieurs, les différents systèmes d'écoles professionnelles en vigueur à l'étranger.

Si maintenant nous examinons ce qui s'est fait en matière de
cours de perfectionnement, nous constatons que, plus encore que
les écoles professionnelles, ces cours offrent une complexité et
une variété extrême d'organisation et de genres.

Il est impossible, en effet, de ranger dans un même cadre, des
institutions aussi différentes que le sont entre elles, par exemple,
ces humbles cours ambulants à l'usage des fabricants de jouets,
tels que vous en voyez en Autriche, ou ces modestes ateliers d'ap-

prentissage qui rendent tant de services à la petite industrie belge
et ces énormes cours allemands de perfectionnement, englobant
dans de gigantesques écoles l'ensemble des professions d'une
grande cité ou encore ces Universités techniques anglaises ou
américaines qui assurent dans un même local les enseignements
les plus divers.

Cependant, cette restriction faite, il semble qu'en s'en tenant aux
grandes lignes, on puisse ramener l'organisation de ces cours à
deux types essentiels : le type anglais et le type allemand.

*
* *

Le *système anglais* se caractérise par l'absence d'action de l'État,
ou mieux, par une action très atténuée de l'État qui n'intervient
guère que sous forme de subventions.

Ce qui caractérise encore ce système, c'est l'indépendance presque absolue laissée à l'initiative privée qui est libre d'organiser
ou non des cours et qui, quand elle les crée, les organise presque toujours comme elle l'entend, les administre elle-même.
nomme même ses professeurs, à l'exception toutefois des communes, qui, dans la plupart des pays, sont tenues de soumettre leur
choix à l'approbation ministérielle. Ce système est en vigueur,
avec évidemment quelques nuances dans les détails, outre l'Angleterre, aux États-Unis et en Belgique.

Or, nous avons vu qu'en France ce système, qui est le système
généralement établi, était en partie, cause de l'infériorité de notre
jeunesse ouvrière en face de celle des autres nations. Il est intéressant d'examiner les résultats qu'il a pu produire à l'étranger.

Sans doute, Messieurs, le régime de la liberté et de l'initiative
privée a parfois, dans ces pays, produit de grandes choses, notamment aux États-Unis et en Angleterre, ces deux terres par excel-
lence de l'énergie et de l'initiative privée : des œuvres comme celles
qu'a réalisée M. Carnegie à Pittsburg, ville qu'il a dotée d'un
somptueux institut au prix de 100 millions: ou encore cette université de Birmingham, université qui a un revenu de 200.000 francs et
compte près de 6.000 élèves ; ou encore cette école d'arts industriels
fondée à Birmingham, sous l'inspiration de M. Chamberlin et qui
a coûté 20 millions ; ou enfin l'institut que la maison Whitworth
a fait édifier à Manchester au prix de 4 millions de francs. Certes.
toutes ces œuvres font le plus grand honneur à la générosité, à l'intelligence, au cœur de leurs fondateurs ; l'on ne peut que regretter

pour notre pays qu'il ne connaisse pas de temps en temps de telles largesses.

Mais, il est une autre œuvre que je voudrais mettre hors de pair, parce qu'elle montre que la force de l'association peut, jusqu'à un certain point, remplacer la générosité des individus : c'est l'œuvre qu'à réalisée la Société de Guildes de Londres ou corporations de la Cité.

Cette Société a cré un Institut qui s'est occupé avec un intérêt passionné de tout ce qui touche à l'enseignement professionnel.

Cet Institut a fondé des écoles, créé ou patronné la plupart des cours de perfectionnement de l'Angleterre ; il les a dotés de programmes parfaitement adaptés aux besoins des localités et des professions ; en 18 ans, il a dépensé plus de 15 millions de francs pour la diffusion de l'enseignement professionnel. Bref, les services qu'il a rendus dans tout le pays ont été tels que l'Etat l'a reconnu officiellement et lui a laissé pleins pouvoirs en matière d'instruction professionnelle. L'institut est devenu ainsi une sorte de ministère de l'instruction professionnelle en Angleterre, et, alors, étendant son champ d'action avec l'accroissement de ses pouvoirs, il eut son personnel enseignant, ses inspecteurs particuliers chargés de contrôler le travail des élèves et des maîtres, ses commissions d'examens chargées d'accorder des titres aux élèves dont l'instruction est reconnue suffisante.

A l'heure actuelle même, l'Etat ne subventionne que les écoles et les cours rcommandés par l'Institut. Une telle œuvre n'est-elle pas le triomphe de l'initiative privée ?

Et, pourtant, il ne faut pas s'illusionner. Malgré l'effort fait dans ces pays de liberté, tant par l'initiative privée que par l'association, on se plaint, comme chez nous, de l'insuffisance des résultats.

En Angleterre, notamment, l'Institut des Guildes déplore que, malgré le nombre de ses cours et de ses auditeurs qui s'est élevé en 1907 à 3.311 cours (chiffre qui représente les 3/4 des cours français) et à 46.048 élèves, l'Institut déplore qu'il y ait déchet et insuffisance, et M. Sadler qui fait autorité en la matière, précisant par des chiffres les résultats obtenus, affirme qu'à l'heure actuelle, il n'y a pas plus d'un enfant sur trois qui reçoive, au point de vue de l'éducation générale ou professoinnelle, un supplément d'instruction.

Et voilà comment la corporation des Guildes en vient comme nous à solliciter de l'Etat une loi imposant à tous les ouvriers et employés de l'industrie ou du commerce l'obligation de suivre les cours de perfectionnement comme cela se passe dans le système allemand que nous allons étudier maintenant.

Le système allemand adopté actuellement en Allemagne, en Hollande, est l'opposé du système anglais, puisqu'il pose à la base même des cours de perfectionnement le principe d'obligation pendant une période déterminée qui s'étend en général de 14 à 18 ans.

De cette conception initiale de l'œuvre, résultent nécessairement des différences profondes d'organisation.

C'est ainsi que, dans le système allemand, nous voyons immédiatement apparaître des sanctions sous forme de coercition, sans lesquelles le principe d'obligation risquerait de rester lettre morte.

Dans ce régime, les parents, les tuteurs, les industriels et les commerçants sont rendus responsables de l'absence de leurs enfants ou employés s'il est démontré que cette faute leur est imputable et voici les principales sanctions qui ont été établies :

En Allemagne, une amende, variable selon les Etats, avec prison en cas de non-paiement et même en cas de récidive.

En Autriche, outre l'amende, le patron peut être privé du droit de former des apprentis.

Quant aux élèves, ils sont punis de réprimande et de cachot. En outre, en Autriche, ils peuvent être astreints à subir une prolongation de leur apprentissage.

Et ces sanctions ne sont pas simplement écrites sur le papier comme un épouvantail ; elles sont mises en pratique réellement. Ainsi à Dresde, en 1902, 1.047 élèves ont été réprimandés, 256 parents ou patrons ont été condamnés à une amende, 18 n'ayant pu payer ont fait de la prison, et l'on a infligé 12 peines de prison pour récidive.

Enfin, en dehors de ces sanctions coercitives, on a établi des sanctions morales et pédagogiques, notamment sous la forme de certificats d'apprentissage, délivrés aux élèves méritants, et ces certificats sont très recherchés parce qu'ils permettent à ceux qui les ont obtenus, d'avoir dans l'industrie ou le commerce un salaire plus élevé.

Une autre différence que l'on peut constater encore entre le système allemand et le système anglais, consiste en ce fait que dans le système allemand, la réglementation des détails d'organisation est infiniment plus méticuleuse.

D'aucuns peuvent la trouver étroite, mesquine, tyrannique ; cependant, dans l'ensemble elle s'inspire, mieux que le système anglais, de l'intérêt général et est souvent plus humaine.

Je n'en veux pour preuve que la façon bien différente dont les pays de liberté et les pays d'obligation ont solutionné cette question très délicate de savoir à quel moment de la journée le cours de perfectionnement doit fonctionner.

Tout le monde s'accorde à reconnaître que rien n'est plus mauvais pour le travail intellectuel, pour la santé et pour la moralité même des jeunes gens que de fixer ce moment aux heures du soir, aux heures de la veillée.

Pourtant que voyons-nous ? Dans les pays de liberté tous les cours ont lieu après la journée du travail. Ils portent même, dans les documents officiels, le nom significatif de *cours du soir*. Or, dans certains pays d'obligation, notamment en Allemagne, en Suisse, des mesures ont été prises pour en fixer le fonctionnement à une heure plus propice.

Le mouvement est venu de l'Etat prussien. C'est le ministre du commerce qui, dans une circulaire fameuse datant du 26 août 1904, a sonné le premier l'alarme.

Cette circulaire ne resta pas sans effet et l'on vit aussitôt le gouvernement prussien décréter que, en Prusse, l'enseignement professionnel serait donné désormais dans la journée.

Puis, les autres états allemands suivirent son exemple : le royaume de Saxe fixe l'heure extrême des cours à 7 heures du soir ; le duché de Saxe-Meiningen à 6 heures et le Grand-duché de Bade, voulant faire mieux, en limite le fonctionnement à la matinée. Enfin à Mulhouse, les cours ont lieu de 8 heures à midi et de 2 heures à 6 heures.

Quant à la Suisse, si aucune réglementation n'a été prise jusqu'à ce jour, presque tous les cours se donnent, néanmoins, dans la journée depuis que le Conseil fédéral a pris cette simple mais habile décision de ne donner aucune subvention aux écoles du soir.

Messieurs, je ne veux pas pousser plus loin l'opposition entre les deux systèmes actuellement en vigueur à l'étranger.

Il est au contraire une chose que je tiens à faire ressortir, parce qu'elle me paraît exacte c'est que si ces systèmes ont tant de différences dans leur organisation matérielle, par contre, ils ont de singulières analogies dans leur organisation pédagogique, et c'est là l'essentiel.

Partout on a compris que l'on ne ferait vraiment œuvre utile que si, pédagogiquement, on donnait à cet enseignement une tournure nettement professionnelle. Sur ce point il y a accord unanime et, puisque nous sommes à la veille d'organiser chez nous des cours de perfectionnement, peut-être ne paraîtra-t-il pas sans intérêt de relever ce qui a été fait ailleurs.

Tout d'abord, il est nécessaire de remarquer que partout on s'est efforcé de doter les cours de commissions administratives et pédagogiques recrutées en grande partie dans le monde du travail.

Ainsi, en Angleterre, l'Institut des Ghildes a organisé des comités consultatifs comprenant pour chaque industrie, pour chaque métier, les hommes les plus qualifiés et ces comités apportent le concours de leur sens pratique dans la rédaction ou la revision des programmes, l'établissement des méthodes et la surveillance des examens.

De même, en Allemagne, chaque ville qui a établi des cours, s'est empressée aussitôt de créer une commission scolaire.

Cette commission est composée du maire, président, du directeur de l'école professionnelle et d'un certain nombre de patrons. Elle se subdivise en autant de sous-commissions qu'il y a d'ordre d'enseignement.

Chaque sous-commission a le droit — dont elle use — de se rendre compte par elle-même de la marche des cours et de présenter ses observations au directeur.

En outre, nulle part on ne confie l'enseignement au premier venu, mais surtout on s'efforce de s'entourer de sérieuses garanties de capacité dans le recrutement des professeurs.

Le plus souvent, il est vrai, on fait appel aux professeurs de métier , mais dans certains pays, notamment en Allemagne, on exige d'eux d'être initiés à la pratique de la profession qu'ils désirent enseigner.

En Autriche, on fait mieux encore : pour éviter que le personnel enseignant ne cesse de progresser et tombe dans la routine, on organise, pendant les vacances, des cours spéciaux à son usage et ces cours sont faits par des professionnels.

Cependant souvent aussi on s'adresse à des spécialistes, à des techniciens. Ainsi à Aix-la-Chapelle, sur 32 professeurs attachés aux écoles de perfectionnement, on compte 8 ingénieurs ; à Mulhouse, la plus grande partie du personnel est composée de techniciens et le directeur est un ingénieur.

Enfin, partout on s'est efforcé de donner au cours de perfectionnement des programmes aussi appropriés que possible aux besoins des apprentis. On n'a pas hésité même à créer autant de sections différentes qu'il y a de professions, et voici, Messieurs, à titre d'exemple concret, comment sont organisés pédagogiquement les cours de la ville de Chemnitz, sur lesquels nous avons des documents récents grâce à une précieuse publication officielle faite à l'occasion de l'exposition de Bruxelles.

Chemnitz compte actuellement 8 cours où sont représentés toutes les professions de la localité :

1° Cours pour apprentis du commerce ;

2° Cours pour expéditionnaires, c'est-à-dire pour employés de mairie, clercs d'avocats, d'avoués, etc. ;

3° Cours pour boulangers ;

4° Cours pour pâtissiers et confiseurs ;

5° Cours pour ouvriers en bâtiment à l'usage des maçons, charpentiers, tailleurs de pierre, menuisiers, vitriers ;

6° Cours pour échantillonneurs en tissage ;

7° Cours pour ouvriers des industries métallurgiques, c'est-à-dire pour ajusteurs, constructeurs de machines, tourneurs, fondeurs ;

8° Cours pour les personnes qui exercent des professions non déterminées habituellement, comme manœuvres, garçons de courses, cochers, chasseurs d'hôtel, professions exercées le plus souvent par des gens sans instruction ou d'instruction bornée et qui sont l'objet d'un programme particulier.

Quant aux programmes en usage à Chemnitz, on a eu soin de les rendre aussi professionnel, aussi spécialisés et aussi limitatifs que possible, et pour mieux vous montrer comment ils sont compris et avec quel souci de la réalité on les a rédigés, je vais vous donner lecture de l'un de ses programmes que je choisis précisément parmi ceux des professions auxquelles jusqu'à présent, on ne donne que très rarement une instruction professionnelle, le programme des boulangers.

Ce programme ne comprend que trois matières : l'allemand, — le calcul et la comptabilité — et la technologie :

« ALLEMAND. — 1ʳᵉ *Année*. — Correspondance se rapportant aux situations de la vie civile ; lettres sur les incidents de la vie et de la profession de l'élève : félicitations, condoléances, remerciements, renseignements, sollicitations. — Quelques détails sur les points essentiels du trafic postal.

Rédactions et dictées se rapportant à l'enseignement civique et à l'enseignement de la profession : 10 devoirs.

Lectures de morceaux correspondant à la marche de l'enseignement et aux époques de l'année.

2ᵉ *Année*. — Correspondance se rapportant aux mouvements des marchandises et de l'argent.

Commande, blâme, excuse, contr'ordre, accusé de réception, demande d'emprunt, renseignements, reconnaissance, caution, lettre de voiture, mandats-poste.

Rédactions et dictées empruntées aux matières spéciales de la profession : 10 devoirs écrits.

Lectures : Voir première année.

3e *Année*. — La correspondance à entretenir avec les autorités : Voirie, Conseil municipal et municipalités. Juge de paix; faillite. Autorités militaires. Recouvrements postaux. Mandats. Inscriptions pour l'examen d'ouvrier et de patron. Certificats. Réclamations et plaintes au sujet des impôts.

Publications officielles et légales : ouverture et concès.... une maison.

Rédactions et dictées (question d'instruction civique et de technologie) ; 10 devoirs écrits.

Lecture : Voir première année.

CALCUL. — 1re *Année*. — *Remarque*. — Pour toutes les années, mais surtout dans les classes faibles, il sera nécessaire de procéder avec soin à des revisions et à des exercices sur les opérations fondamentales simples, auxquels il y a lieu de rattacher *des problèmes relatifs à la profession*. Les opérations fondamentales sur nombres entiers et fractions simples.

Monnaies, mesures et poids (nombres décimaux).

Calcul des surfaces et des volumes (*l'atelier : le four, l'agencement et la boulangerie*).

Calcul du prix de revient, d'achat de matières premières.

Mélanges de farines.

Problèmes se rapportant aux assurances contre la maladie.

2e *Année*. — Comptabilité (répartie sur toute l'année).

Calcul du tant pour cent : Achat, vente, frais, amortissement des ustensiles. Calcul sur des questions de travail : rendement, exploitation des ouvriers, etc...

Calcul sur des questions d'assurances contre les accidents.

La lettre de change. Règle d'escompte.

Règle d'intérêt. Caisse d'épargne ; assurances.

3e *Année*. — Règle de société ; règle d'échéance commune et moyenne.

Calcul se rapportant à des questions d'exploitation. Rendement Déclarations de revenus pour le fisc.

Révision de la comptabilité.

Calcul se rapportant à des questions d'assurances contre l'invalidité et la vieillesse.

TECHNOLOGIE. — 1re *Année*. — Notions de chimie. Expliquer les phénomènes chimiques à l'aide d'expériences.

Les corps simples élémentaires. Parmi ceux-là, traiter spécialement ; hydrogène, oxygène, azote, carbone.

Combinaisons chimiques importantes pour le boulanger.

Hydrates de carbone, acide carbonique, oxydes (rouilles, vert de gris), lessives, acides, sels, surtout ceux usités en boulangerie.

Remarque. — Bien qu'on puisse traiter les questions de chimie dans leurs rapports avec la profession, il sera toujours nécessaire de faire, pour les élèves venus de l'école primaire sans les moindres connaissances en chimie élémentaire, un petit cours préparatoire de chimie.

Les matières brutes de la boulangerie.

L'eau.

Les céréales. Formation anatomique du grain de blé. Les céréales au point de vue historique, géographique, économique. Falsifications et mélanges. La balance.

Eléments constitutifs, falsification, examen, conservation.

2ᵉ Année. — Ce qu'on ajoute à la farine : sel, sucre, lait, beurre et leurs analogues susceptibles de les remplacer. OEufs. Epices.

La panification. espèces de pâtes (boulangerie de pain ordinaire, le pain blanc, le pain viennois) ; les leçons doivent être traitées brièvement pour servir de base à l'étude détaillée des questions de chimie qui s'y rapportent.

La fermentation : bactéries s'y rapportant. Levure. Levain. Leur action dans la pratique. Mauvais traitement de la pâte. Fermentation nuisible. Espèces de pain.

3ᵉ Année. — Le phénomène de cuisson. Transformations physiques et chimiques de la pâte au four. Le pain cuit. Constitution d'un bon pain et d'un pain défectueux : Conservation, transformation.

Les fours de boulangers : Installations, différentes sortes et leurs avantages. A ce sujet, notions de physique sur le chauffage. Conduite et rayonnement de la chaleur. Thermomètre et pyromètre. Vapeur, manomètre.

L'atelier : son installation d'après l'ordonnance concernant la boulangerie. Sa distribution. Machines en usage. L'électricité comme force motrice. Le téléphone. »

Mais, Messieurs, les cours de Chemnitz ont encore une autre particularité qui les distingue de ce qui a été fait dans les autres pays et sur laquelle je me permets d'attirer votre attention : c'est qu'à côté de leur portée professionnelle, on a voulu leur donner une portée nettement éducative.

Ailleurs, le plus souvent, quand on a organisé les cours de perfectionnement, on a eu en vue que le côté utilitaire, comme si l'institution des cours ne devait pas fournir une excellente occasion d'assurer l'éducation morale et civique du futur citoyen.

En Allemagne, on l'a parfaitement compris et rien n'est plus curieux pour nous, Français, que de rechercher les motifs qui ont amené les Allemands à agir ainsi. Or, j'ai eu la bonne fortune de les découvrir dans la brochure dont je vous parlais tout à l'heure et je me fais un véritable plaisir de vous les faire connaître, fidèlement traduits du texte allemand :

« Le xix⁰ siècle, dit-on, est le siècle de la régénération intérieure et extérieure de notre patrie. « Le but principal que se proposèrent les restaurateurs de l'Etat foulé aux pieds, fut la rénovation de toute la vie du peuple. L'effondrement extérieur de l'Etat leur apparut comme la conséquence de son incapacité intérieure. Ils reconnurent la véritable cause de cet éboulement dans l'absence, due à l'ancienne constitution de l'Etat, d'initiative chez le peuple. *D'après la théorie de l'absolutisme, l'Etat n'est pas la chose du peuple, mais celle de la dynastie et de ses fonctionnaires. La destinée des sujets consiste uniquement à obéir, payer des impôts et fournir les contingents nécessaires à l'armée. Une telle constitution politique ne peut déterminer qu'un esprit de pure passivité ; le sujet ne fait rien, à quoi il ne soit obligé, le sentiment national disparaît, par contre la paresse et l'égoïsme sont encouragés.*

« Si la force directrice placée à la tête de l'Etat vient à faiblir, tout l'organisme reste sans vie comme un mécanisme brisé, et il suffit que, du dehors, il reçoive un choc pour qu'il se réduise en morceaux.

« Une restauration de l'Etat abattu n'est possible que par le développement interne des forces existant dans le peuple où elles sommeillent encore. Le nouvel Etat doit être édifié sur *l'initiative* de tous les citoyens et alors il deviendra un organisme vivant possédant la force de résistance et de raffermissement particulière à tous ses membres.

« *La participation des citoyens à la vie publique, l'administration directe des affaires publiques dans la commune, le district et l'Etat, voilà le grand moyen d'éducation propre à faire naître chez tous, avec force et intelligence, l'intérêt pour la chose publique.* Enfin, il faut y ajouter la nouvelle armée fondée sur le service militaire obligatoire pour tous.

« *Mais cet esprit ne pourra être maintenu que si chaque indi-*

vidu, prenant un contact plus intime avec toutes les manifestations de la vie nationale, la renouvelle en lui par un travail de tous les jours et de toutes les heures tout en le faisant rayonner autour de lui. Et ceci ne peut être réalisé que par le but supérieur de toute éducation, c'est-à-dire par la formation d'une personnalité individuelle accomplie, fondée sur une culture de l'esprit et du cœur à *base nationale.* »

Ce sont là, certainement, Messieurs, des idées qui, émanant d'une plume allemande, ont dû surprendre plus d'un parmi nous, mais ce qui est plus curieux encore, c'est de connaître comment on a rédigé ce *programme d'enseignement civique et moral,* comment on est parvenu à lui donner ce caractère national si ardemment désiré par la pédagogie allemande.

Ecoutez donc encore ces quelques pages et vous jugerez ensuite si l'expérience réalisée en Allemagne, ne mériterait pas d'être tentée chez nous.

« 1re *Année.* — NOTRE VILLE NATALE : CHEMNITZ. — Règlement scolaire des écoles professionnelles de Chemnitz (faire remarquer l'importance de la note de conduite). — Règlements de police importants pour les élèves[e] : entrées dans les endroits ouverts au public, trottoirs et rues barrées, résistance aux agents de la force publique, dommages causés à la chose d'autrui. — L'élève dans ses rapports avec le travail. Inscription à la caisse d'assurances contre la maladie, les accidents. Contrat de travail local, ses origines.

Municipalité et conseil municipal. Composition et importance : Administration de commune, d'arrondissement, de cercle. *Budget de la ville de Chemnitz :*

a) *Dépenses* pour l'instruction publique, les arts, la sûreté publique, l'administration, l'hygiène, etc...

b) *Recettes :* 1° Impôts : recettes des exploitations en régie, carrières, tramways électriques, usine à gaz. — 2° Emprunts. Chemnitz, grâce à une bonne administration, s'est trouvé jouir d'un grand crédit. L'emprunt de 12 millions (1907) a été couvert quatre fois et demie.

Chemnitz, grâce à son industrie et à son commerce, peut bien supporter les impôts.

Importance actuelle de l'industrie textile et du fer. — Autres branches d'industrie. — Importation et exportation.

Coup d'œil rétrospectif sur le développement de la ville. Raisons de prospérité : situation, mines de houille. Adhésion au Zollverein.

Chemnitz, point de croisement de voie ferrées. Protection que lui accorde l'Empire. Chemnitz est une des plus grandes villes industrielles allemandes.

Chemnitz en tant que ville ouvrière. Valeur du travail pour l'individu comme pour la collectivité. — Travail manuel et travail intellectuel. Protection qui leur est due. Le travail est la parure du citoyen.

Le citoyen : Ses droits et ses devoirs. Droits civils et politiques. Comment on les perd. Chemnitz, par son travail honnête et appliqué. a acquis une réputation excellente dans le monde entier et s'est élevée au rang de grande ville. Devoirs du citoyen qui sera bientôt un homme : s'efforcer d'honorer sa ville natale par la qualité de son travail, sa joie à produire et la moralité de sa conduite.

2e *Année*. — NOTRE PETITE PATRIE : LA SAXE. — Le royaume de Saxe.

La Saxe, État confédéré.

Ce qu'on entend par monarchie, république.

La Constitution.

Histoire de la Saxe : Maison Wettin. Prince électeur. — La réforme. — La Saxe en 1906 : rapports avec Napoléon. Conséquences.

Le 4 septembre 1831. — Constitution : le peuple demande plus de liberté (liberté de la presse, droit de réunion, d'administration).

1864-1866 : la Confédération de l'Allemagne du Nord.

1870.

Le 18 janvier 1871.

Administration du royaume, ministères, préfets, sous-préfets, etc., etc... comme première année. Dépenses pour l'administration, l'instruction, la bienfaisance, la justice, les assurances, etc...

Recettes : produits des forêts et domaines. Mines. Usines de teinture bleue. Manufacture royale de porcelaine de Saxe. Chemins de fer, etc...

Impôts : foncier, sur le revenu, indirects, emprunts. Comment se font les lois du royaume (gouvernement, État). 1re et 2e chambres : réunion, importance, droit des pauvres, droit à l'assistance. Acceptation des postes honorifiques (échevins, jurés). Devoirs du citoyen cité comme témoin en justice. Organisation judiciaire.

La Saxe, autrefois État agricole, aujourd'hui État industriel et commercial. — Les régions industrielles de Saxe. Causes qui favorisent cette prospérité : mines de houille, l'Elbe, les chemins de fer, l'instruction publique très avancée, sage administration.

L'agriculture en Saxe : Elle ne suffit pas aux besoins. Importation, exportation de produits fabriqués. — Lutte non justifiée entre l'industrie et le commerce, d'une part, et l'agriculture, d'autre part.

La Saxe est un état de la confédération très avancé au point de vue économique et de la civilisation.

3e *Année.* — NOTRE GRANDE PATRIE. — L'Allemagne : Etats confédérés, villes libres, pays d'empire (Alsace-Lorraine), pays de protectorat (notions géographiques). — Histoire de la formation de l'Empire d'Allemagne. Conséquences de la disposition des frontières : frontières favorables et défavorables. Défense des frontières : organisation militaire, devoir militaire. LÉGION ÉTRANGÈRE DE FRANCE.

Premier dignitaire de l'Empire. Princes confédérés ; droits et devoirs. — Administration de l'Empire. Chancelier, secrétaires d'Etat. — Dépenses : frais d'administration. Représentation à l'étranger. Ambassadeurs, armée, marine, etc...

Recettes : douanes, impôts directs et indirects, etc...

Confection des lois : Conseil fédéral, Reichstag : Composition et réunion, importance. Inviolabilité parlementaire. Lois d'Etat. Haute Cour de justice. — Droits des citoyens allemands. Rapatriement. Autorisation d'aller résider à l'étranger. Passe-port. Droits des pauvres. Perte des droits. Bannissement.

Surpopulation : voir les statistiques. Emigration ; avantages et inconvénients.

Augmentation des produits du sol. Ecoles et sociétés agricoles.

Importation de produits alimentaires (malgré la valeur de l'agriculture allemande : Russie, Autriche, Amérique).

Compensation par l'industrie. Branches multiples de cette industrie. Entreprises gigantesques, Sociétés anonymes.

Résultats : Exportation, lutte pour les débouchés. Concurrence (Angleterre, Amérique). Douanes (Amérique). Moyens de lutte : qualité et bon marché des produits. Ouvriers bien instruits. Traités de commerce. Transports rapides subventionnés. Poste, télégraphe, téléphone (Union postale universelle). Lois de protection des produits (modèles et brevets). Expositions universelles. Consulats. Flotte de guerre, Colonies.

Devoir des citoyens allemands. Fidélité au roi et à l'Empire et à la Patrie. »

Voilà, Messieurs, comment de l'autre côté du Rhin, on a su profiter habilement de l'institution des cours de perfectionnement pour enseigner aux jeunes gens toute la fierté et toute la joie qu'ils doivent éprouver d'abord à l'égard du travail auquel ils sont attachés et aussi à l'égard de la petite et de la grande communauté politique et sociale dans laquelle les hasards de la naissance et de la race les ont placés. Voilà, en un mot, comment en Allemagne, on entend que le cours de perfectionnement prépare pour l'Empire des ouvriers-citoyens, conscients de la grandeur de leur tâche quotidienne et du rôle qu'ils peuvent être appelés à jouer un jour dans la commune, le pays ou l'État.

Que faut-il conclure de cet exposé que je m'excuse d'avoir fait si long et néanmoins si incomplet ?

C'est que partout la question de l'enseignement professionnel est posée et que ce sont les pays où l'activité économique est le plus intense qui ont développé le plus leurs institutions d'enseignement professionnel.

L'exemple de l'Allemagne est frappant à cet égard. Il en est de même de celui que nous donne l'Angleterre, car si dans ce pays où la liberté a presque la force d'un dogme on en arrive aujourd'hui à demander une loi rendant obligatoire l'enseignement professionnel, c'est qu'apparemment, on sent le besoin et l'on reconnaît l'utilité de cet enseignement.

Il n'y a pas à se le dissimuler. Dans la lutte économique que les grandes nations ont engagée, la victoire ira certainement au plus instruit, c'est-à-dire au peuple qui, par une éducation rationnelle, sera le mieux armé pour la production et saura le mieux s'assurer et conserver une clientèle.

Nous serions donc bien coupables si nous ne nous efforcions pas de mettre à profit, par une instruction appropriée, les admirables dons naturels de notre race, cette intelligence éveillée, ce goût, cette habileté de main qui caractérisent nos ouvriers et cette bonne humeur, cet entrain, cette souplesse, ce tact qui rendent nos représentants si populaires et si agréables à la clientèle.

Étendons donc notre enseignement professionnel. Créons des écoles là où c'est nécessaire et, surtout, hâtons-nous d'organiser partout les cours de perfectionnement. Sachons les rendre professionnels ; mais sur ce point, je suis rassuré ; ce que nous avons fait dans nos écoles prouve que nous avons su orienter notre enseignement vers les réalités de l'industrie et du commerce.

Mais sachons aussi les rendre civiques, je ne dis pas à l'imitation de l'Allemagne, non, telle n'est pas ma pensée, mais en adoptant cet enseignement civique à notre régime démocratique et à notre tempérament national; en sachant, en un mot, concilier notre instinct d'idéalisme avec les nécessités économiques de l'heure présente.

Si nous agissons ainsi, Messieurs, nous pourrons dire que nous aurons fait œuvre vraiment féconde et que nous aurons réalisé dans sa totalité ce beau programme que jadis M. Millerand assignait à notre enseignement, quand il disait : « En même temps que l'artisan d'une tâche, l'enseignement technique doit viser à former l'homme ».

L. BARBE,

Professeur à l'Ecole nationale
professionnelle d'Armentières.

Conférence de M. VILLEMIN

Président de la Fédération nationale du Bâtiment et des Travaux publics

---

LE PROBLEME DE L'APPRENTISSAGE

Monsieur le Président,
Mesdames, Messieurs,

Vous serez probablement un peu déçus car vous avez l'habitude d'entendre ici des conférenciers qui ont une grande habileté de parole et qui traitent des sujets qu'ils ont eu le temps d'approfondir. Aujourd'hui, c'est un industriel, très préoccupé par ses travaux et par les fonctions tout honorifiques qu'il a acceptées, qui vient à vous, en homme de bonne volonté, ayant vécu de la vie de l'ouvrier, ayant passé par tous les échelons de la hiérarchie.

Fils d'ouvrier, ancien ouvrier moi-même, j'ai senti mieux que beaucoup d'autres, peut-être, les besoins de la classe ouvrière, et je me suis attaché d'une façon tout à fait particulière à cette question de l'apprentissage.

Pour en venir tout de suite, mon cher Président, à ce que vous disiez tout à l'heure, aux difficultés que j'avais rencontrées dans la grande famille du bâtiment pour faire accepter les idées que je défendais parmi mes confrères, je vous répondrai que vous avez peut-être été un peu trop pessimiste. En 1904, le Congrès de Lyon me chargea d'étudier la question et au Congrès de Bordeaux, en 1907, j'eus le grand plaisir de voir mes propositions acceptées à l'unanimité. Depuis, tous nos Congrès ont accepté à l'unanimité, non seulement les diverses obligations que vous avez trouvées très dures, mais l'ensemble du projet. C'est ce projet que j'ai eu l'honneur, sur sa demande, de soumettre à M. Dupuy, alors ministre du Commerce, que je vais avoir l'honneur de développer aussi succinctement que possible.

Mesdames, Messieurs, vous m'excuserez si je suis obligé de remonter un peu en arrière, mais cela me paraît nécessaire pour la clarté de mon exposition.

D'observations faites pendant une vie industrielle et syndicale déjà longue, il résulte, pour moi, cette conviction que si les industriels, au lieu de critiquer purement et simplement les propositions de lois dont ils se plaignent, avaient, d'accord entre eux, approfondi les questions, de manière à formuler d'une façon très concise et très nette leurs besoins et leurs desiderata, le Parlement eut été mieux éclairé et dans bien des cas aurait pris en considération les propositions ainsi faites.

C'est en partant de ces considérations que j'ai cru de mon devoir, non pas de critiquer les divers projets de loi sur l'apprentissage dont le Parlement est saisi, mais, au contraire, de rechercher en praticien ce que devrait être en France la reconstitution du personnel ouvrier par l'apprentissage.

Je me suis attaché à examiner la question dans son ensemble, et j'ai cherché les moyens permettant de donner l'instruction manuelle professionnelle, non seulement aux enfants qui habitent les villes, mais aussi à ceux qui habitent les hameaux les plus reculés. Dans une démocratie, on doit chercher non pas à créer quelques privilégiés dans les grandes villes, mais au contraire à répandre à pleine volée la semence qui, en germant, nous créera l'ouvrier de demain et nous reconstituera la famille ouvrière.

La question de l'apprentissage est loin de commencer au moment où l'enfant peut manier l'outil. J'estime que pour la traiter à fond, il faut remonter au foyer d'où doit sortir le futur apprenti, et que la première des choses à faire c'est de reconstituer ce foyer de façon que l'enfant y ait l'exemple du travail, de l'économie et de la probité de toutes choses.

Messieurs les parlementaires qui sont présents excuseront ma franchise si je ne crains pas de dire que la République n'a pas fait tout son devoir pour recréer ce foyer ouvrier. J'estime que l'enseignement primaire s'est arrêté à moitié chemin et que la loi de 1882 a été mal appliquée en ce sens qu'on n'en a poursuivi que l'application de la partie théorique.

J'en appelle à vous toutes, mesdames, lorsqu'une jeune fille crée un foyer, qu'elle se marie avec un ouvrier, est-ce que celui-ci lui demande si elle sait faire une règle d'intérêts composés ? Non, ce qu'il est bon qu'elle sache avant tout, c'est d'être une bonne ménagère préparant bien et sainement les aliments, entretenant les vêtements de son mari et de ses enfants; c'est qu'elle soit une fille modèle, ayant soin du vieux père ou de la vieille mère. Ce que nous demanderons donc à la jeune fille, c'est d'être la mère de demain qui nous fera des citoyens forts, capables de gagner leur indépendance par leur travail. J'estime qu'en s'arrêtant à l'instruction théorique, on a fait une erreur considérable que le Parlement se doit à lui-même de redresser en reconstituant chez nous l'enseignement ménager dans l'école même.

Ceci dit pour les jeunes filles, il faudra préparer, aussitôt que possible, les jeunes garçons à leur vie du lendemain en les initiant, petit à petit, au maniement des outils usuels et cela selon les régions et les milieux, en leur donnant des leçons de choses qui leur permettraient de se rendre un compte exact de leur situation en même temps qu'on attirerait leur attention sur toutes les ressources de leur région. Qu'on apprenne à nos jeunes gens que l'outil industriel ou agricole est honorable et qu'il grandit ceux qui s'en servent. Qu'on leur apprenne à aimer le travail, car, sans travail, pas de prévoyance et pas de lois sociales.

Voilà pourquoi j'insiste et je demande qu'on prolonge la période scolaire, que l'on diminue, s'il le faut, la partie théorique de l'instruction, et qu'on augmente la partie pratique. Je ne demande pas un enseignement uniforme. Vous vous rappelez ce mot d'un ministre de l'Instruction publique, qui, tirant sa montre, disait à ceux qui l'entouraient : « Messieurs, à cette heure, dans tous les lycées de France, on fait tel cours ! » Ce n'est pas ce que je demande. Il faut, au contraire, que l'enseignement soit mis à la portée de l'enfant, qu'il lui permette de se rendre compte de ce qui pourra sortir du sol sur lequel il est né.

Les leçons de choses doivent différer avec les milieux. Notre enseignement universitaire unifié doit être banni de l'école primaire. L'enseignement doit être adapté à chacun des besoins de nos régions. Nous ferons ainsi moins de déracinés et plus d'hommes aimant leur pays et mieux à même de le défendre au jour du danger. C'est pour cela que, dans le projet que j'ai eu l'honneur de soumettre à M. le ministre du Commerce, je considère que l'école doit être le commencement de l'apprentissage, en ce sens qu'elle devra apprendre à nos jeunes gens le maniement de l'outil que tous nous pouvons être appelés à manier demain, soit pour gagner notre vie, soit pour nous défendre, lorsque le sort d'un de ses coups nous aura fait tomber dans l'infortune.

Pour arriver à ce but, je compte beaucoup sur l'instituteur

qui devra, aidé par les parents, diriger les les enfants dans la bonne voie : vers le travail. Il saura leur dire que ce n'est pas la science seule qui donne l'indépendance, et à un enfant qui, de par sa nature et sa position, ne pourra acquérir la science, il indiquera d'autres moyens de parvenir à l'indépendance. Il fera ainsi œuvre non seulement de citoyen, mais de vrai républicain.

Supposons maintenant l'enfant sorti de l'école primaire et ayant reçu, en plus de l'instruction primaire, ce commencement d'enseignement manuel dont je viens de parler, et tout prêt à être dirigé vers une profession.

Vous savez combien la question est difficile, non seulement dans les grandes villes, mais dans les campagnes. Je vois ici, parmi mes auditeurs, des hommes qui cherchent par tous les moyens possibles à rapprocher l'offre de la demande, à diriger l'enfant vers un métier, vers son indépendance future. Il y a évidemment beaucoup de bonnes volontés, mais je me demande si elles seront suffisantes, si elles ne se heurteront pas à cette maladie du fonctionnarisme qui fait que les meilleurs de nos ouvriers, mal renseignés, disent à leurs enfants : « Je ne veux pas que tu sois malheureux comme je l'ai été : je ne veux pas que tu travailles 10 ou 11 heures par jour, je veux faire de toi un homme de bureau. » Il ne faudrait pas non plus que les pères de famille continuent à lancer leurs enfants dans certaines professions sans nom, qui n'ont besoin d'aucune étude, qui n'exigent aucun effort et qui sont insuffisantes à nourrir leur homme. C'est ainsi que les enfants se pervertissent et arrivent à l'âge d'homme sans être capables de nourrir une famille.

On a décidé l'instruction primaire obligatoire: il faut davantage, il faut voter l'obligation pour les pères de famille le faire apprendre un métier à leurs enfants, que ce métier soit un métier manuel ou intellectuel. Vous ne pensez certainement pas que je vais ne vanter que les seuls métiers manuels : non, je suis de ceux qui ont assez vécu pour savoir qu'un peuple comme le nôtre ne vit pas que de pain ! Je suis de ceux qui admirent les efforts gigantesques accomplis par les artistes d'autrefois et par ceux d'aujourd'hui qui font honneur à notre belle nation, de ceux qui disent que de cet art il ne faut pas tarir la source. Mais il faut que les pères de famille soient mis dans l'obligation de faire apprendre un métier à leurs enfants, que ce métier soit manuel ou intellectuel, et qu'ils soient absolument assujettis à cette obligation que j'estime de première nécessité.

L'autre jour, dans une causerie comme celle-ci, quelqu'un me disait : « Je ne suis pas partisan de cette obligation, qui attenterait à la liberté de chacun ». — « Vous admettrez bien, lui ai-je répondu, qu'il est des obligations que personne ne conteste. N'admettez-vous pas celle du service militaire ? » Et je disais à ceux qui m'entouraient : Nous sommes tous des patriotes, cependant, combien d'entre nous iraient servir la Patrie pour empêcher l'envahissement de la frontière si nous n'avions pas cette obligation ? C'est un devoir d'aller à la caserne, mais nous ne l'accomplissons que parce que nous y sommes contraints. J'ajoutais que le devoir de constituer l'ouvrier de demain était un devoir aussi impérieux que celui de défendre la Patrie. C'est pourquoi j'ai fait voter, par la Fédération nationale du bâtiment et des travaux publics, l'obligation pour le père de famille de justifier qu'il a fait apprendre à son fils un métier.

Nous arrivons à la deuxième phase : nous supposerons, si vous le voulez bien, que l'enfant a son petit bagage d'instruction théorique et pratique et qu'il est prêt à entrer en apprentissage.

Où doit-il être mené ? Dans quelles conditions doit-il être appelé à exercer son apprentissage ?

J'envisage la question de la façon la plus simple, en praticien qui sait combien la pratique de tous les instants joue un grand rôle pour faire l'ouvrier parfait. J'en appelle à tous les praticiens, et je leur demande s'ils croient que c'est à l'école professionnelle que nous ferons l'ouvrier de demain, s'ils croient que nous pourrons jamais, dans notre beau pays, quelle que soit notre fortune et quels que soient les millions que les étrangers apportent chaque jour dans nos bas de laine, constituer assez d'écoles professionnelles pour que tous les enfants puissent participer à cet enseignement professionnel.

Je ne vous donnerai pas de chiffres : je vous dirai simplement que, voulant étudier la question à fond, j'ai fait comme beaucoup d'autres : je suis allé à l'étranger ; mais je ne vous parlerai pas de cette enquête qui nous mènerait trop loin. Je me contenterai de vous dire que je me suis donné la satisfaction d'étudier une école professionnelle de Paris, l'école Estienne. Eh bien, il m'est facile de prouver que chacun des élèves de cette école, resté dans la profession, coûte 14.000 francs à la Ville de Paris, et que les frais de premier établissement, qu'il est difficile de calculer, tellement on les a noyés dans toutes sortes de budget, atteignent 2.000 francs par enfant. Vous voyez ce que vous auriez à dépenser si on voulait constituer des écoles professionnelles pour tous les enfants de France. Vous savez que ces écoles forment non pas des ouvriers, mais, la plupart du temps, des bacheliers ès métiers, comme nous formons par ailleurs des bacheliers ès-lettres ou ès-sciences. Jamais la France ne sera assez riche pour se payer un tel luxe.

Ne pensez-vous pas qu'il faille regarder d'un autre côté ? N'est-ce pas en maçonnant qu'on apprend à maçonner ? Voyez-vous un maçon faire son apprentissage dans une école professionnelle ? Non, n'est-ce pas.

L'apprentissage doit se faire à l'atelier. Je dis tout de suite que je ne suis pas de ceux qui sont intransigeants, et je reconnais très volontiers que dans certains métiers l'apprentissage peut être fait en dehors de l'atelier. Cependant je considère que l'apprentissage sera mieux fait dans le milieu adéquat à chaque profession.

Pour mieux instruire tous les enfants de France, il faut chercher la méthode non seulement la plus simple et la moins dispendieuse, mais la plus avantageuse dans l'intérêt de l'enfant. L'atelier, quoi qu'on en dise, est encore le seul endroit où vous ferez de bons ouvriers, non pas des êtres exceptionnels, non pas de futurs professeurs et des patrons, mais des hommes pouvant gagner leur vie et en même temps que leur vie, leur indépendance.

Si c'est à l'atelier que nous devons faire l'apprentissage, il doit en découler nécessairement l'obligation pour l'industriel ou le commerçant de créer cet apprentissage dans son atelier ou dans sa maison dans des conditions telles qu'il ne subsistera rien des critiques trop souvent justifiées qui ont été adressées contre les patrons faisant des apprentis.

Vous savez combien de bons patrons aimant leur métier ont cherché à faire des apprentis, combien de sacrifices ils se sont imposés pour former des ouvriers de demain. Mais vous savez aussi que, malheureusement, au moment où l'enfant était à même de leur rendre des services, celui-ci les quittait, parce qu'à côté un autre patron moins scrupuleux l'attirait dans son atelier en lui promettant quelques sous de plus. Le patron était bafoué : c'était pour lui la plus cruelle des blessures ; l'amour-propre s'en mêlait — vous savez combien on est chatouilleux dans notre pays — et beaucoup de patrons, des mieux disposés pour l'apprentissage, refusaient par la suite de faire des apprentis.

Est-ce à dire que tous les patrons ont agi comme ils le devaient? Non, je sais très bien qu'il en est qui ont abusé des enfants leur étant confiés et leur faisant faire des besognes en dehors du métier. Dans ces conditions, certains ouvriers se sont refusés à mettre leurs enfants en apprentissage pour ne pas en faire des portefaix ou des balayeurs d'atelier.

Il y a donc certaines choses que nous devons reconnaître et dont nous devons tenir compte pour formuler nos propositions. J'estime que ces critiques sont peut-être plus importantes que celles que j'entendais adresser, dans mes causeries, contre la loi de 1900 sur la réglementation du travail dans les ateliers. On l'accusait d'être la cause de la suppression de l'apprentissage. Mais depuis 1851, on discute sur la dégénérescence de l'apprentissage ! Cette loi n'a donc pas été l'initiatrice de cette situation, elle n'a été que la goutte d'eau qui a fait déborder le vase et je crois même qu'avec le temps, avec la diminution de la durée de la journée de travail, au lieu de nous gêner, elle nous aidera, au contraire, à faire renaître l'apprentissage.

Il y a bien d'autres questions dans les détails desquelles je ne veux pas entrer, je ne m'arrêterai qu'aux principales. Si nous ne concevons pas l'apprentissage autrement qu'autrefois, nous ne réussirons pas dans la campagne que nous menons parce que nous trouverions en face de nous des objections ayant une très grande valeur.

On m'envoyait, il y a quelques jours, une coupure de journal qui contenait le discours d'un de nos excellents préfets. Il disait que dans une de mes causeries, j'avais été le protagoniste de la reconstitution des corporations d'autrefois. Et pourquoi aurais-je été ce protagoniste ? J'étais dans une ville où les monuments du Moyen âge sont extrêmement nombreux et remarquables et je faisais appel à tous ceux qui m'entouraient en leur disant : regardez donc autour de vous cette floraison d'art qui fait l'illustration de votre belle cité et demandez-vous à quoi vous devez ces beaux monuments, ces belles tapisseries, ces objets d'orfèvrerie qui font aujourd'hui l'admiration et l'envie du monde entier ?

Tout cela, c'est le résultat de l'apprentissage qui avait été combiné par nos corporations d'autrefois. Ces sociétés avaient de grands défauts, je ne le conteste pas, mais elle avaient cette grande qualité de constituer un apprentissage comme il n'en fut jamais, entendez-le bien, dans aucun pays du monde. C'est de cet apprentissage que sont nés ces artistes qui ont élevé d'un bout à l'autre de notre pays ces monuments que personne encore aujourd'hui ne peut dépasser. J'ajoutais : puisque la leçon du passé existe, puisqu'il n'est pas un homme de bonne foi qui ne puisse dire que l'exemple que je viens de citer ne soit exact, nous devons en conclure qu'il faut chercher non pas à reconstituer les corporations d'autrefois, mais à reconstituer l'apprentissage en le rapprochant autant que possible de celui qu'avaient créé ces corporations, en l'adaptant aux besoins, aux nécessités de notre démocratie. Et j'en arrivais tout naturellement aux propositions que j'ai eu l'honneur de faire à mes confrères : après avoir posé le principe de l'obligation pour l'industriel de constituer chez lui l'apprentissage, je disais : vous devez reconstituer votre personnel comme vous reconstituez votre matériel machine, et vous devez vous arranger de façon que ce personnel ait des capacités de nature à pouvoir satisfaire aux besoins de plus en plus exigeants de la clientèle moderne. C'est pour vous un devoir qui doit être obligatoire.

Je me suis ensuite demandé comment cette obligation pouvait entrer dans les faits. J'ai cherché des exemples d'organisme à l'étranger, mais je n'avais pas besoin d'aller si loin, car cet organisme existe en France : il est tout créé, il n'y a qu'à l'adapter à nos nouveaux besoins.

L'organisme dont je veux vous entretenir, vous le connaissez tous, il a été créé spécialement pour défendre les intérêts du commerce, de l'industrie et de l'agriculture : ce sont les Chambres de Commerce. Les gens qui les composent sont tout dévoués à leur œuvre, ils s'en occupent exclusivement, se tenant en dehors de la politique et des partis.

Ne vous apparaît-il pas que les Chambres de Commerce sont bien l'organisme qui pourrait avoir la haute direction de l'apprentissage ? Et comment alors, avec l'aide des Chambres de Commerce, constituer l'apprentissage sur les bases que j'indiquais tout-à-l'heure ? Par un moyen bien simple, par la création de Sociétés corporatives composées de patrons et d'ouvriers élus, par exemple, comme nous élisons nos conseillers prud'hommes.

Pour être plus clair, pour qu'il n'y ait aucun doute entre nous, je vais prendre une exemple. A Paris, il y a 32 Chambres syndicales du bâtiment : maçons, serruriers, charpentiers, etc. Faire une société corporative composée de délégués de ces Chambres syndicales, ce serait faire un amalgame incompétent : quand on est serrurier, on n'est pas maçon, et réciproquement. Mais si vous demandez aux maçons de constituer une société corporative, vous n'aurez là que des compétences. Ces société corporatives auraient d'abord pour mission de constituer ce que j'appellerai la charte de l'apprentissage, c'est-à-dire le contrat d'apprentissage. Mais ce serait faire œuvre maladroite que d'imposer une même charte à toutes les industries et même à une seule industrie dans les milieux différents. En effet, les contingences ne sont pas toujours semblables pour une industrie : ainsi elles ne sont pas pour les maçons parisiens les mêmes que pour les maçons bordelais par exemple. La Corporation des maçons de Bordeaux ferait donc son contrat, et celle de Paris ferait le sien. Vous sentez bien que si chacune des spécialités composés de gens, patrons et ouvriers, aimant leur métier, faisait un contrat, nous arriverions à reconstituer l'apprentissage comme il l'était autrefois par les anciennes corporations.

Sur le contrat de l'apprentissage, je suis d'avis qu'il soit écrit. En effet, si nous examinons la question, si nous cherchons pourquoi nous n'avons pas pu, dans le passé, avoir d'action sur le patron et sur l'ouvrier, c'est que, la plupart du temps il n'y avait pas de contrat synallagmatique pour lier les parties, et ici vous comprendrez bien que je ne parle pas en jurisconsulte, mais en homme de métier. Pour qu'un contrat ait une valeur, pour qu'il en sorte un profit utile, il faut que les parties y soient nommément désignées, que les obligations de chacune d'elle y soient indiquées et enfin que l'inexécution de ces obligations ait une sanction, que cette inexécution soit imputable au patron ou à l'ouvrier.

La sanction contre le patron, nous la connaissons tous, les tribunaux de prud'hommes sont là : le patron, 99 fois sur 100 est solvable et s'il n'a pas fait son devoir vis-à-vis de l'apprenti, il sera condamné à l'indemniser.

Vis-à-vis de l'ouvrier, quelle peut être la sanction ? Allez-vous demander contre l'apprenti une sanction financière ? 9 fois sur 10 elle sera inopérante. Demanderez-vous une sanction pénale ? En France, qui oserait le faire ? Si nous n'avons ni sanction financière, ni sanction pénale, que nous reste-t-il en dehors d'une sanction morale ?

Cette sanction morale, nous l'obtiendrons en créant le certificat de sortie d'apprentissage. Pour l'obtenir, il faudra que l'apprenti ait fait preuve de capacité et de bonne volonté. S'il ne l'obtient pas il ne pourra être considéré comme compagnon : telle sera la sanction.

Si vous admettez que cette sanction morale est absolument utile vous rechercherez avec moi dans quelles conditions on accordera le certificat. Sera-ce le patron seul qui délivrera ce certificat de sortie d'apprentissage ?

Oh ! Croyez bien que je ne me fais pas d'illusions. Je ne vois pas tous les patrons blancs comme neige, je sais bien que parmi eux il se trouvera des inconséquents qui délivreront des certificats de complaisance, et il suffira que quelques certificats soient donnés de cette façon pour enlever toute valeur aux autres. Mais alors si le patron ne peut délivrer et signer seul le certificat, qui donc aura mission et le pouvoir de signer ? C'est la société corporative dont je parlais tout à l'heure qui aura non-seulement pour mission de constituer la charte de l'apprentissage, mais qui devra, aussi, suivre l'application du contrat qu'elle aura imposé au patron et à l'apprenti. Non seulement elle suivra le contrat dans son application, mais elle fera au patron toutes les admonestations qu'elle aura le devoir de lui faire et réprimandera l'apprenti qui aura commis des fautes. Elle finira son œuvre en participant au concours de fin d'apprentissage. Les apprentis qui auront satisfait aux conditions du concours auront un certificat de sortie, signé à la fois par le patron et par les représentants de la société corporative.

Voilà le système qui, peut-être, expliqué pour la première fois, vous semblera très complexe, alors qu'au contraire si vous rentrez un instant en vous-mêmes, il vous paraîtra d'une simplicité biblique. Il suffirait de vouloir pour le créer.

Selon moi, le contrat d'apprentissage doit exister et doit être écrit ; il doit être l'œuvre de la société corporative de chacune de nos spécialités ; il doit être suivi dans son application par cette société corporative, et enfin, il doit avoir sa sanction par l'intermédiaire de la société corporative et du patron.

L'éducation à l'atelier telle que je viens de la définir sera forcément saine et morale parce que les efforts de la société corporative tendront à rendre l'atelier habitable non seulement au point de vue hygiénique, mais au point de vue moral.

Ces constatations faites, nous arrivons au moment où l'enfant sort de l'apprentissage ; mais je m'aperçois que j'ai laissé dans mon exposé une lacune que je dois combler.

En plus de l'éducation manuelle, en plus de cette habitude qui aura été donnée à l'enfant de manier l'outil, d'aimer la matière d'œuvre, de savoir produire, avec le moins d'effort possible, une plus grande quantité de besogne, en plus de cette éducation manuelle, un autre devoir incombe à l'industriel, celui de donner à l'apprenti les connaissances théoriques dont il aura besoin pour devenir un ouvrier parfait. D'où la nécessité de créer des cours professionnels de l'apprentissage.

Par qui devront être dirigés et professés ces cours ? Par les industriels seuls ou seulement par l'Administration ?

Je crois que la Direction doit en être laissée aux sociétés corporatives qui devront s'arranger avec l'État, les départements et les communes pour que ces derniers y aient une part de direction légitime et qu'ils puissent y contribuer en leur accordant tous les avantages possibles sous formes de professeurs, de locaux, etc., et cela parce que les cours, dans la plupart des cas, seront donnés à la fois à des apprentis et à des adultes, ces derniers n'ayant plus de lien de droit avec les patrons au point de vue de l'apprentissage.

Comment ces cours seront-ils faits ? Avec un programme scientifique et théorique considérable ? Non, ces cours devront différer, selon qu'ils s'adresseront à telle ou telle profession, à telle ou telle spécialité. Je le dis parce que l'expérience me l'a prouvé, parce que depuis 25 ans que j'ai l'honneur d'appartenir aux Conseils d'administration de nos Chambres syndicales, je me suis tout particulièrement occupé de nos cours professionnels. J'ai remarqué — et tout dernièrement un inspecteur de la Ville de Paris était obligé de le constater — que partout où l'on donne aux élèves un enseignement en dehors des matières dont ils auront besoin pour leur métier, cet enseignement est négligé. Les élèves se disent: inutile de nous donner du mal, ce cours ne nous servira pas. Au contraire, si vous leur prouvez par des exemples intéressants que le cours qui leur est enseigné leur sera utile, alors ils s'y donnent tout entiers. Il est évident que ces cours complémentaires s'adresseront aux jeunes gens montrant des dispositions, ayant la ferme volonté d'apprendre, d'acquérir une instruction professionnelle complète leur donnant, à côté de la pratique du métier, la technique indispensable ; il faut, là comme ailleurs, faire en sorte qu'il y ait une place pour chacun et aussi que chacun reste à sa place. Si nous faisons nos cours complémentaires intéressants dans le sens que je viens d'indiquer, s'appliquant d'une façon très nette à la profession à laquelle l'enfant se destine, nous aurons plus tard des jeunes gens qui deviendront des ouvriers parfaits.

Vous me direz : tout cela est très joli, mais vous ne nous parlez que des ouvriers, vous ne nous parlez pas de ce nerf du commerce et de l'industrie, du contremaître, du patron ! Vous êtes resté continuellement en contact avec l'ouvrier. Eh bien oui, c'est par là qu'il faut commencer. Je suis un bâtisseur, et quand je construis une maison, je commence par les fondations et non pas par le toit, puis, successivement, j'élève chacune des parties de l'édifice. Quand on a cette habitude on n'aime pas à voir les manoirs à l'envers.

Lorsque, à l'éducation manuelle, nous aurons ajouté l'éducation technique nécessaire pour faire de nos apprentis de parfaits ouvriers, nous aurons un champ de recrutement merveilleux pour les écoles professionnelles déjà créées avec juste raison et pour celles qui seront créées dans l'avenir. Mais alors, voyez la différence : actuellement, les jeunes gens, élèves dans les écoles professionnelles, n'ont qu'un bagage pratique insuffisant : ils viennent là pour augmenter leur bagage de connaissances théoriques et ils se croient déshonorés quand il faudra travailler à l'atelier où leurs mains fines de bourgeois se trouveront en contact avec les mains calleuses des ouvriers : si vous y envoyez dorénavant, ceux qui auront déjà manié l'outil, ils n'auront plus peur de descendre et ne pourront que monter, et c'est parmi eux que vous trouverez les hommes qui, ayant su obéir, sauront mieux commander. Qu'ils soient pauvres ou riches, ce sont les plus intelligents qu'il faut porter sur le pavois pour en faire des ouvriers d'élite, les contremaîtres et les patrons dont nous avons tant besoin.

Ne nous le dissimulons pas, c'est là la grande faiblesse de notre démocratie patronale. Je disais tout à l'heure que la République n'avait pas assez fait pour nos jeunes gens et nos jeunes filles en ne leur donnant qu'une instruction théorique : je ne crains pas de dire aussi qu'elle n'a pas fait le nécessaire pour le patronat. Il n'y en a que très peu, parmi nous, patrons, qui aient reçu une éducation économique suffisamment étendue pour comprendre les grands problèmes sociaux qui nous étreignent et nous émeuvent. Le patronat français est divisé sur beaucoup de questions parce qu'il n'a pas reçu cette éducation économique qui fait la force de quelques nations voisines nous supplantant aujourd'hui sur les marchés du monde.

Je répète que notre organisation professionnelle, ainsi comprise, non seulement serait logique, parce qu'elle partirait de la base pour arriver au sommet, mais qu'elle nous ferait des jeunes gens à la hauteur de leur métier et pouvant, n'importe où, l'exercer à la satisfaction de tous.

Je crois vous avoir dit l'essentiel sur cette question, car il faudrait parler pendant des heures entières pour vous l'exposer dans tous ses détails : cependant je vous demande de vous citer quelques exemples à l'appui de ce que je viens de dire.

Allez interroger sur notre littoral, à Nantes, à la Rochelle, à Bordeaux, nos petits patrons du bâtiment comme je les ai interrogés moi-même, et demandez-leur pourquoi on ne fait plus, par exemple, de serruriers ? Ils vous répondront qu'aussitôt les apprentis formés, les grands chantiers de construction les leur en-

lèvent en les payant un prix qu'eux-mêmes ne pourraient pas
donner. Pourquoi voulez-vous que nous nous donnions du mal,
vous diront-ils, pour des gens qui ont un monopole de fait et qui
rejettent la charge de l'apprentissage.

Voilà un des défauts de la cuirasse et le Parlement ne fera rien
s'il ne fait pas en sorte que l'industriel soit obligé d'accomplir
son devoir au point de vue de l'apprentissage. Il ne faut pas toujours que ce soient les mêmes qui se fassent tuer : il faut que tout
industriel, selon l'importance de son industrie, subisse la taxe de
l'apprentissage, mais cette taxe sous quelle forme la paiera-t-il ?

Je vous proposais tout à l'heure les Chambres de Commerce
comme directrices de l'apprentissage. N'ont-elles pas déjà aujourd'hui, de par leurs statuts, le droit de prélever sur nous des
centimes additionnels pour créer des écoles supérieures de toutes
sortes ? Serait-ce beaucoup déroger à leurs statuts que de leur
dire : vous aurez quelques centimes additionnels de plus à prélever sur le commerce, l'industrie et l'agriculture, dans le but
de créer ces sociétés corporatives dont j'ai parlé tout à l'heure ?

De cette façon, la charge de l'apprentissage sera une contribution très légère à percevoir sur chaque patron. Nous sommes
déjà si surchargés d'impôts que nous ne nous en apercevrons pas
et que cette contribution passera comme une lettre à la poste. De
plus, le mauvais patron sera touché comme les autres, et même
plus, car il devra payer ceux qui voudront faire leur devoir. Je
m'explique :

Il faut prévoir qu'il y aura toujours des patrons qui ne feront
pas d'apprentis et se contenteront de prendre ceux des autres.
Or, aujourd'hui, avec l'organisation sociale implantée chez nous,
du fait de l'assurance-accidents nous pouvons déterminer, dans
chacune de nos maisons, et dans un temps très court, le coeffi-
cient de disparition de nos ouvriers, et, l'ayant déterminé, il nous
est facile de dire, par exemple : pour 100 ouvriers, nous devons
faire 10 apprentis. Tel industriel a 50 ouvriers, il devra donc
faire 5 apprentis. Si ce patron ne veut pas faire d'apprentis,
met de la mauvaise volonté, ne veut pas remplir un devoir de
premier ordre, la société corporative lui dira : nous avons calculé
que chaque apprenti coûte au patron 350 francs dans telle profession. Vous, Monsieur, qui ne voulez pas en faire, vous nous
paierez 5 fois 350 francs. C'est excessivement simple et c'est
équitable.

Je crois en avoir fini et si j'ai oublié de développer certains points, vous voudrez bien m'en excuser : je suis du reste tout prêt à répondre aux questions qui pourraient m'être posées.

Dans tous les Congrès du bâtiment, on a voté les propositions que je viens d'avoir l'honneur de développer, avec un esprit patriotique et un désintéressement complet. Aujourd'hui, d'un bout à l'autre de notre territoire, on fait des efforts pour innover dans ce sens, bien que la loi sur l'enseignement professionnel n'existe pas encore. C'est dans le bâtiment que l'on trouve le plus de bonnes volontés, et il n'est pas de jour que je ne reçoive des lettres m'annonçant la création de cours professionnels qui réussissent, à la satisfaction de mes collègues, aidés, je dois le dire, par beaucoup de maires et d'élus. Je tiens à rendre cet hommage à mes collègues : ils sont assez souvent traités de réactionnaires pour que je puisse dire ici qu'ils ont fait œuvre de bons citoyens.

Je ne veux pas vous rendre témoins de discussions personnelles. Je ne discuterai pas la tentative faite par M. Kula : c'est une tentative extrêmement intéressante, humanitaire au premier chef, mais qui n'est réalisable que dans certaines grandes villes assez riches pour pouvoir fournir d'énormes sommes d'argent. Je n'ai pas critiqué M. Kula, je l'ai approuvé au contraire, mais j'ai dit que sa conception ne pouvait pas s'adapter à une organisation générale de l'apprentissage.

Quant à la séance du Congrès mixte de l'apprentissage, MM. Astier et Dron, qui y assistaient, savent dans quelles conditions j'ai enlevé le vote. J'ai dû rappeler aux membres du Congrès qu'ils oubliaient de faire voter ce qui leur tenait au cœur. Ils l'ont voté, mais après avoir adopté d'abord les principes que j'ai eu l'honneur de défendre ici.

Je n'agis qu'en homme qui cherche à expliquer la question au point de vue pratique. J'estime comme vous, M. Kula, et comme vous, M. Astier, qu'il est extrêmement intéressant de mettre en face les une des autres les thèses de gens de bonne foi, également désireux d'arriver à la perfection.....

Une voix. — C'est pour cela que nous sommes ici.

M. Villemin. — .....qui peuvent avoir des idées différentes, mais qui n'ont au cœur qu'une ambition, qu'un but : éduquer l'ouvrier français pour en faire l'ouvrier le plus parfait qui soit.

Dans des exposés comme celui que je viens d'avoir l'honneur de faire et qui doivent être aussi succincts que possible, certaines choses peuvent ne pas avoir été comprises. Tout à l'heure Monsieur le Président, vous m'objectiez qu'avant de construire une maison, il fallait que l'architecte en dressât les plans. C'est vrai, mais un architecte qui n'est qu'un théoricien n'est pas complet : il n'est vraiment digne du nom que quand il y joint une pratique toujours longue à acquérir. De telle sorte que les meilleurs et les plus appréciés des architectes sont ceux dont l'esprit pratique s'appuie sur une instruction artistique complète et rationnelle. J'estime, du reste, qu'il n'y a pas de comparaison à faire entre l'apprentissage d'un architecte et celui d'un ouvrier industriel.

Quant aux élèves des écoles supérieures, je n'ai pas dit qu'il fallait les recruter exclusivement dans l'industrie et parmi les apprentis : j'ai dit qu'il fallait les prendre là le plus possible. En effet, les jeunes gens qui joindront une éducation théorique à une instruction technique remarquable, deviendront des hommes qui auront cette supériorité sur les autres d'avoir appris à obéir et par conséquent de pouvoir commander en toute connaissance de cause.

Vous voyez qu'on peut être d'accord tout en différant sur certains points d'un sujet qui nous touche au cœur.

Le projet que je viens de développer a cette originalité de ne ressembler en rien à tous ceux déposés sur la même question. Il part de ces principes qu'il faut d'abord faire des ouvriers en ennoblissant le travail manuel, en dirigeant vers lui toutes les jeunes intelligences qui se fourvoiraient dans d'autres directions ; que pour arriver à ce résultat il faut reconstituer le foyer ouvrier par l'éducation de la mère de famille et reconstituer l'apprentissage sur des bases pratiques s'adaptant au plus grand nombre d'enfants possible ; que rien ne pourra être fait si à la base de toute organisation n'existe pas l'obligation de faire.

Examiné de près, il n'innove pas autant qu'on le croit : il ne fait, le plus souvent, qu'accepter soit des lois, soit des organismes existants pour les mettre au service des besoins nouveaux.

Ainsi, au point de vue de la loi de 1882, j'estime que nul n'est mieux qualifié que l'instituteur perdu dans nos petits villages ou hameaux les plus reculés pour donner ces leçons de choses que nous envisageons comme des leçons de préapprentissage, et qui peuvent être données sans augmentation de frais ou d'impôts à la charge des citoyens.

J'ai été très combattu en défendant ce projet. Vous avez assisté à ce Congrès où j'avais contre moi l'illustration de son Président, que j'aimais et respectais, et qui entraînait derrière lui des gens qui ne voyaient pas où on voulait les mener. J'ai dû lutter contre des personnes admirablement armées à tous les points de vue. Cependant, mes arguments ont prévalu, et le principe que je défendais a été voté, je tiens à le répéter.

Je vous en prie, ne considérez pas mon projet comme l'œuvre d'un homme qui cherche à s'imposer. C'est l'œuvre d'un homme qui ne demande rien à personne, qui tient à conserver son indépendance, qui ne désire qu'une chose : c'est de se reposer le plus tôt possible, et qui n'a nullement en vue de solliciter un siège ni à la Chambre ni au Sénat.

A. VILLEMIN,
Président de la fédération nationale du bâtiment et des travaux publics.

Conférence DE M. REMBERT

Ouvrier ferblantier

LE PROBLEME DE L'APPRENTISSAGE

Mes stages dans beaucoup d'ateliers en France, m'ont donné la facilité, à une époque déjà lointaine, de voir pratiquer l'apprentissage.

Tout d'abord, dans les grandes comme dans les petites villes, les patrons qui formaient des apprentis mettaient un certain orgueil à faire de l'enfant qu'on leur confiait un ouvrier. Rien ne devait être inconnu à celui qui, librement, avait choisi son métier ; le patron était satisfait du choix de l'enfant, et il retrouvait dans celui-ci les mêmes goûts qu'il avait eus et les mêmes aspirations. Comme convention avec le père de l'enfant, un engagement moral qui rarement était rompu ; mais le plus souvent un engagement écrit ; aucune rétribution, et nombre de corporations exigeaient même, des parents de l'apprenti, une certaine redevance.

L'enfant, dans l'atelier ou au chantier, était immédiatement mis en face de la matière d'œuvre.

Le patron, les ouvriers s'évertuaient à lui montrer le moyen de surmonter les premières difficultés du métier, et le guidaient, pour ainsi dire, par la main ; et jamais il ne serait venu à la pensée d'un patron de reprocher à un ouvrier le temps qu'il passait à enseigner l'apprenti. Grâce à ce système d'apprentissage, on voyait en peu de temps de jeunes enfants apporter, au travail qu'on leur confiait, toute leur force et leur intelligence et parfois, dans les ateliers où il y avait plusieurs apprentis, on arrivait à faire exécuter à ces futurs compagnons, en excitant la vanité corporative, de véritables travaux d'ouvriers accomplis ; l'apprenti connaissait bientôt toutes les ficelles du métier. Menuisier, il apprenait à sortir du bois un objet quel qu'il soit ; mécanicien, il forgeait, tournait, ajustait, trempait ; c'était l'homme qui, plus tard, du fer et de l'acier bruts pouvait tirer une machine ; maçon, depuis les fondations jusqu'aux combles, il travaillait et posait indifféremment moellons, briques, pierres de taille ; il connaissait tous les mélanges de mortiers, chaux, ciments ; rien ne lui était étranger de tous ces matériaux.

Sans avoir acquis ce tour de main que donne une longue expérience, l'enfant avait touché à tout, s'était familiarisé avec toutes les besognes, avait fait connaissance avec la matière d'œuvre et les difficultés d'exécution.

L'apprentissage terminé, on délivrait à ce jeune ouvrier un livret, où, en première page, figurait son état-civil, son signalement. Puis on y lisait l'attestation que l'enfant avait subi un apprentissage de 2 ou 3 ans et se trouvait libre de tout engagement ; le patron ajoutait même très souvent « et très satisfait de sa conduite », le tout avec signatures du patron, de l'enfant, légalisées par les autorités compétentes de l'endroit.

Qu'allait faire ce jeune homme ? Il partait hardi, car il était armé, il se sentait fort, confiant dans l'avenir ; en général il allait se perfectionner dans d'autres ateliers, dans d'autres villes. Il voyageait, accomplissait ce qu'on appelait son tour de France, qui était à cette époque comme une école de perfectionnement. Il allait sans souci, désireux d'essayer son savoir, n'appréhendant pas le travail, ne redoutant que le chômage.

Pour mon compte personnel ayant demandé un peu partout de l'embauche, le premier geste du patron auquel je me présentais était d'ouvrir mon livret à la page où était marqué l'apprentissage : l'employeur avait ainsi la certitude absolue de prendre véritablement quelqu'un qui possédait, par la pratique, les connaissances du métier. Ce qui se passait dans l'industrie se passait également dans le commerce ; car on formait de la même façon les employés de magasin qui, sans avoir le titre de vendeurs, savaient discerner la laine du coton, connaissaient au toucher, à la vue, la trame, la fabrication, la provenance, la qualité de la marchandise qu'ils présentaient à l'acheteur.

Les champs également formaient des apprentis. Tout jeunes, ceux-ci gardaient le bétail, apprenaient à le connaître, à le soigner, à le conduire ; plus tard ils aiguillonnaient les bœufs devant la charrue, puis à leur tour ils prenaient cette charrue, orgueil de tous les paysans ; rien n'est plus beau et plus difficile à exécuter qu'un sillon bien droit, bien monté en dôme pour faciliter l'écoulement des eaux, la terre dressée en une pente naturelle pour ne pas noyer les moissons futures. Ils affûtaient les faux, fauchaient, battaient le grain au fléau, vannaient et triaient la moisson.

J'entendais dire l'autre jour qu'un apprenti revenait environ à 350 francs. Eh bien ! avec ce vieux système, je n'ai jamais entendu un patron se plaindre et je ne crains pas d'affirmer qu'il avait un réel bénéfice, surtout quand nous aurons examiné ce qui était donné à l'enfant comme salaire.

Je disais que l'enfant allait au métier par goût, par vocation. Supposons un enfant engagé pour 3 années d'apprentissage — ce qui était la règle de beaucoup de corporations. J'admets fort bien que, la première année, il gâchait de la matière, dissipait le temps du patron et de l'ouvrier ; mais la deuxième année, il couvrait largement, par sa production, cette avance de fonds et j'affirme qu'en troisième année le patron avait un réel bénéfice.

Je me souviens fort bien qu'en troisième année mon patron ne se gênait pas pour m'envoyer installer du plomb à gaz, à eau, réparer des pompes, voire même couvrir de zinc de petits chantiers avec le dernier apprenti; et nombre de patrons d'autres corporations avec lesquelles je me rencontrais dans ces chantiers opéraient de même, serruriers, maçons, menuisiers, fumistes.

Comme salaire de troisième année, 2 francs par quinzaine, parfois 3 francs, voilà ce que l'on payait l'apprenti ; cette modique somme n'était qu'un pourboire, une prime d'encouragement.

Les patrons de cette époque avaient-ils intérêt, au point de vue corporatif, à former des apprentis ? Était-ce là leur souci primordial ? Je réponds catégoriquement non. Très peu de patrons formaient des apprentis pour perpétuer l'ouvrier, ils en acceptaient, escomptant les profits qu'ils pouvaient en tirer pendant le temps d'apprentissage ; même ils ne tenaient pas à les conserver comme jeunes ouvriers ; et plus l'apprentissage était rapide, plus les bénéfices étaient prompts et élevés.

Je ne critiquerai pas cela ; les deux parties doivent faire des sacrifices, si un réel apprentissage est donné, et, comme les premiers risques et les premières dépenses étaient du côté patronal, j'estime que les patrons devaient en tirer les premiers profits.

L'apprentissage reposait donc sur la probité du patron qui prenait l'engagement de démontrer en 2 ou 3 années par une pratique réelle son métier à l'enfant qu'on lui avait confié. Et le résultat était : la reconnaissance de l'enfant, qui appréciait plus tard cette probité et respectait son maître d'apprentissage et les vieux ouvriers qui lui avaient enseigné leur métier comme il avait respecté et respectait encore son instituteur.

Voilà ce qu'était l'apprentissage.

Examinons ce qu'est l'apprentissage aujourd'hui.

Depuis 30 ans, il faut le reconnaître, le machinisme entrant dans les ateliers, dans les magasins, dans les champs, a complètement changé le mode de production et de vente, mais n'a détruit que partiellement les métiers, « la main ». Néanmoins par le jeu de la concurrence, par l'offre des bras, est née la spécialisation qui a donné à son tour le jour dans l'industrie au façonnier, dans les magasins au commissionnaire, dans l'agriculture au métayer.

Le façonnier est à mon avis le premier qui, dans l'industrie, a spécialisé le métier et je pourrais dire à outrance et sans aucun scrupule. Sous couvert d'apprentissage, il prenait des jeunes gens pendant 2 ou 3 ans pour leur faire exécuter toujours la même pièce, le même genre de travail. Puis le marchandeur à l'atelier l'a supplanté et a transformé l'apprenti en homme de peine : instruit par l'exemple et sûr de l'impunité, le marchandeur avait abandonné toute pudeur. Pourquoi se gêner ? Il n'avait fait que continuer ce que le façonnier avait si bien commencé.

Puis le machinisme se développant de plus en plus, instruit sur les deux genres de production, à façon et au marchandage, l'industriel s'est organisé ; il a fabriqué chez lui et a tout spécialisé, hommes, femmes, enfants ; par ce système il retire le maximum de production avec le minimum de frais.

Est-il libre de tout spécialiser chez lui ? Oui, évidemment, de même que l'ouvrier est libre d'accepter cette spécialisation. Mais où le patron perd cette liberté, c'est avec l'enfant. Et c'est bien son imprévoyance, en cette matière, qui a provoqué la crise actuelle. Car, par ce système de spécialisation, l'enfant, employé comme petite main à des travaux déterminés, invariables, sous le nom d'apprenti, n'est en somme qu'une machine et n'apprend pas à réfléchir et à connaître.

Examinons maintenant les modalités du contrat d'apprentissage.

L'industriel, suivant l'importance de son usine, demande des apprentis avec la promesse de payer de suite de 10 à 20 sous par jour. L'enfant se présente souvent seul, ou est présenté par un ami des parents, travailleur dans la maison, rarement en la présence de ceux-ci, à moins que ce soit la mère qui peut disposer plus facilement de son temps que le père.

De contrat, proprement dit, il n'en est plus question. On fixera bien la durée de l'apprentissage à deux ou trois ans ; mais on ne débat plus ce que sera l'apprentissage de ce jeune embauché. On discute ce qu'il sera payé pendant six mois, puis les augmentations futures. Quant à se préoccuper si le patron fera de l'enfant un bon ouvrier, c'est chez la majorité des pères de famille, le cadet de leurs soucis. Pour le patron, la place est toute trouvée, désignée d'avance, derrière un découpoir, aux courses pour livraisons ; mais de sa part, nulle préoccupation d'examiner auprès de quel compagnon il mettra l'enfant pour en faire le plus rapidement possible un ouvrier : Remarquez que dans ce système l'enfant tient souvent la place (pour ne pas dire toujours) d'un homme de peine payé ordinairement 45, 50, 55 centimes de l'heure, tandis que sous la dénomination d'apprenti, les mêmes travaux s'exécutent sur le tarif de 50 centimes ou de un franc par jour.

Le procédé est commercialement logique. Moralement c'est une malhonnêteté commise envers l'enfant, qui saura s'en souvenir. L'on sera mal venu dès lors dans les milieux dirigeants de se plaindre de l'esprit du travailleur.

Je dois signaler également un système employé par certaines maisons et qui tend à se vulgariser par l'exemple. Sous le titre d'apprentis, certains industriels prennent des enfants pendant six mois à 50 centimes par jour et ne les emploient qu'aux courses. Les six mois écoulés, les parents, devant l'usure des vêtements et surtout des souliers, se risquent à demander une augmentation. Invariablement les patrons répondent : « l'enfant est incapable, ce métier ne lui conviendra jamais ; pour l'instant je ne puis l'augmenter, nous verrons d'ici un mois ou deux ».

Quinze jours après et même plus tôt, l'enfant est remercié pour le motif le plus futile. Le patron suspend à la porte la petite affiche : « on demande un apprenti », et le tour est joué. Inutile de dire que l'enfant est toujours rabroué et terrorisé par ces industriels ; et l'on peut deviner quelle sera la mentalité de cet enfant, à l'âge d'homme, quand il aura fait trois ou quatre maisons de ce genre en deux ans, sans aucun profit pour lui. Mais quelle loi défend l'enfant et les parents contre une exploitation de ce genre ?

M. DRON. — Où ce fait s'est-il passé

M. REMBERT. — Chez un mécanicien qui employait une demi douzaine de ferblantiers. Ce mécanicien travaille même pour la Chambre des Députés ; je vous citerai son nom si vous le désirez.

M. DRON. — Ce n'est pas moi qui l'ai embauché.

M. REMBERT. — Je ne vous adresse pas de reproches Monsieur Dron. J'ai placé un enfant dans cette maison et j'ai été tellement scandalisé par ce que j'y ai vu que j'étais prêt à injurier le patron. L'enfant a quitté la maison et il a été envoyé ensuite dans la boucherie pour y faire son apprentissage. C'est du reste une profession pour laquelle il n'a aucun goût.

M. Dron. — Ce que vous avancez a d'autant plus d'intérêt que vous vous dites dans quel genre d'industrie le fait s'est produit.

M. Rembert. — Dans l'industrie textile cela ne se passe peut-être pas ainsi et pourtant à Lyon j'ai été témoin de faits semblables.

Autre genre d'apprentissage qui se pratique dans la grande usine et, notamment dans mon métier, en petite tôlerie. L'enfant est pris moyennant un salaire minimum de 50 centimes par jour, sans garantie d'en faire un ouvrier, vu les spécialités de la maison. On fait simplement miroiter aux parents et à l'enfant, la solidité de l'usine, sa vieille renommée, sa grande production, la spécialité inépuisable et l'inattaquable garantie par brevet, l'emploi assuré et l'on ne craint pas d'ajouter, à vie, dans la maison, à ce gamin de 12 ou 13 ans. Imédiatement, l'enfant est attelé derrière une machine à une spécialité que pendant des années il exécutera. Dans ma corporation, l'enfant, qui borde les poignées de cafetières, soude des goulots de bidons et met des oreillons aux seaux. Au bout de 6 mois, un an au plus, le patron oblige l'enfant à travailler aux pièces, méthode funeste, aussi déprimant pour l'enfant, à mon avis, que le tabac ou l'alcool. Car cette manière de production rend l'enfant nerveux à outrance et irascible.

Pour habituer l'enfant, on commence par la demi pièce c'est-à-dire qu'on lui paye une demi journée à l'heure et une demi journée aux pièces. Finalement, au bout de peu de mois, rien à la journée, tout à la tâche ; et l'on voit couramment des enfants de 14 ou 15 ans gagner ainsi 4 et 5 fr. par jour à la grande satisfaction de leurs parents. Cela se passe également dans la mode, dans la couture, dans beaucoup d'industries féminines. Cette surexcitation physique et morale est la source, dans nos milieux ouvriers, d'une multitude de maux, dont les plus terribles sont la tuberculose et la cachexie.

Ce système de production fait des hommes de métier sans goût pour leur profession, n'ayant qu'un unique souci : produire.

Mon expérience des enfants qui fréquentent les cours techniques me trompe peu à ce sujet. A les voir prendre l'outil, travailler, bousculer tout ce qui les gêne comme des gens pressés, égoïstes en tout, passant avant leur tour, mettant même les outils dans leurs poches ou dans leur ceinture pour ne pas attendre, je devine que leur apprentissage se fait ou s'est fait aux pièces, et la réponse que j'obtiens à l'interrogation que je leur pose, confirme toujours mon hypothèse.

Mais que devient l'enfant qui, par vocation, par goût, a demandé un métier ? Que devient cet enfant qui avait confiance dans son patron, dans l'ouvrier auprès duquel il croyait être installé, quand il s'aperçoit qu'on l'emploie à une besogne tout autre que celle qu'il avait désirée et rêvée ? Il y a d'abord chez lui un dégoût ; le peu qu'il fait à l'établi le rebute. Le patron ne s'en préoccupe pas, puisqu'en entrant il avait défini sa tâche. Les ouvriers qui l'entourent sont indifférents à ce jeune cerveau avide de savoir, de comprendre et de travailler. Si l'ouvrier à qui l'enfant s'adresse pour un renseignement est aux pièces, comme réponse, il reçoit une injure ou une insanité. Si l'ouvrier est à la journée, il faut qu'il ait des ordres pour montrer à travailler, sous peine de reproches sur sa production. Lui donne-t-on cet ordre de montrer à l'apprenti ? Non, puisqu'en général dans aucun atelier l'apprentissage n'est organisé.

Si l'enfant a un tempérament de travailleur, de lutteur pourrais-je dire, il apprendra ce qu'il pourra, il fera l'impossible pour utiliser ses connaissances ; mais chez lui germera et s'épanouira cette haine dont se plaignent beaucoup d'industriels et qui n'est que la conséquence logique de l'improbité que l'on a commise envers lui.

Beaucoup de patrons, d'industriels envoient leurs enfants dans les écoles pour qu'ils s'instruisent, pour qu'ils apprennent le commerce, l'industrie, pour qu'ils s'initient à diriger le magasin ou l'usine qu'on leur laissera. Si dans ces écoles, à l'exemple de ce qui se passe dans les ateliers ou les magasins, au lieu de travailler à l'instruction comme le porte l'enseigne de l'école, les directeurs, les inspecteurs, les maîtres, faisaient balayer et cirer le parquet des classes, élaguer les arbres de la cour, etc... il n'y aurait qu'un cri contre un tel état de choses.

Eh bien, industriels et patrons d'aujourd'hui, retournez un peu les rôles et persuadez-vous bien que l'atelier doit être une école, et mieux qu'une école, puisque c'est là que l'enfant fera ses premières armes, deviendra un homme, entrera véritablement dans la société. L'enfant, comme à l'école où il a appris à lire, doit trouver à l'atelier l'instruction, l'éducation, la moralité. Le patron doit se persuader qu'il a en mains un outil vivant qui pense et raisonnera comme lui, qui, comme lui aura envie et besoin d'indépendance, qui, comme lui, aura l'espoir de s'établir, d'assurer sa vie, sa vieillesse. Et quand cet enfant pourra raisonner, il s'apercevra non seulement que le capital lui manque, mais que le métier avec lequel il comptait s'émanciper ne lui a pas été enseigné. La révolte naîtra en lui et par tous les moyens, légitimes ou non, il cherchera à briser le cercle dans lequel on l'a placé. Le respect qui aurait dû naître chez l'enfant, la reconnaissance, qui en est le fruit le plus savoureux, se sont mués chez lui en mépris et avec ce système la lutte des classes plus âpre continue et continuera plus que jamais.

Dans le commerce, j'ignore d'une façon positive ce que donne la destruction de l'apprentissage ; mais dans le métayage les résultats sont désastreux. La misère s'est implantée dans les foyers en même temps qu'une exploitation à outrance. Originaire de l'Allier, j'ai pu apprécier ces résultats de près.

Dire que partout l'apprentissage se fait ainsi, non ; mais malheureusement le nombre d'industriels qui opèrent de cette manière est déjà considérable ; et le mal ne fait que grandir sous la double poussée de l'exemple et de la concurrence.

Avant d'en terminer avec l'apprentissage en général, permettez-moi de vous présenter un autre système d'apprentissage qui ne ressemble en rien à ceux qui ont été exposés et qui est appliqué à l'association ouvrière de production à laquelle j'appartiens depuis 13 années.

Nous sommes une moyenne de 50 associés de la même corporation et nous prenons 5 apprentis, soit une moyenne de 1 par 10 travailleurs. Ce sont en général des fils d'associés ou parents à différents degrés.

L'engagement est fixé comme suit : 3 ans d'apprentissage proprement dit et un an de jeune ouvrier. Ce temps écoulé un certificat d'apprentissage de trois années est délivré et un second certificat est remis qui atteste l'emploi dans notre maison en qualité d'ouvrier pendant une année. Le jeune homme doit quitter l'atelier et nous l'engageons jusqu'à 21 ans à changer de maison au moins deux ou trois fois par an pour se perfectionner et s'initier à tous les genres.

Entrons dans le détail de cet apprentissage. La réglementation est invariable pour tous les apprentis et voici comment nous opérons :

Les 6 premiers mois, l'enfant fait les courses auprès des fournisseurs, rarement en livraisons. Il apprend ainsi à connaître la matière dont il aura à se servir ainsi que les nombreuses pièces dont nous sommes tributaires de l'industrie. Il nettoiera les outils et donnera la main aux ouvriers. Ce temps écoulé, suppression complète des courses et mise à l'établi d'une façon définitive en lui donnant des travaux simples qui comportent en général les principes élémentaires du métier. Au bout d'un an, on lui donne la commande facile, qui lui est impitoyablement refusée, si elle est mal exécutée ; puis on le fait passer à la spécialité de la lanterne, qui, par ses variétés de formes comporte une multitude de manipulations variées, propres à exciter son adresse et son habileté.

Dans la troisième année, il reprend la commande difficile, demandant souvent du tracé, de l'initiative, et tous les genres de travaux propres à notre industrie exécutés en séries, mais non spécialisés. La quatrième année il passe six mois au compteur à gaz, spécialité qu'il aura besoin de connaître. Finalement dans les 6 derniers mois, rien ne lui est réservé ; il compte définitivement parmi nous comme ouvrier accompli, quoique le temps passé pour l'exécution de son travail soit rigoureusement contrôlé et mis en parallèle avec le nôtre, exécuté aux pièces. Puis, suivant les conventions, nous le remercions.

Nous dressons sur ces principes une moyenne de 3 apprentis par an. Aucun d'eux n'a reçu de reproche dans les ateliers où ils sont passés, et les industriels qui nous connaissent et qui sont peut-être présents dans cette salle ce soir, peuvent certifier mes dires. Affirmer que nous n'avons pas quelques fruits secs, serait mentir, mais la quantité en est négligeable.

Comme salaire nous leur donnons : les 6 premiers mois, 0 fr. 50 par jour ; les 6 mois qui suivent, 1 fr., de 12 à 18 mois 1 fr. 50 ; de 18 à 24 mois, 2 francs ; de 24 à 30 mois, 2 fr. 50 ; de 30 à 36 mois, 3fr. 50 ; la quatrième année est payée sur le taux de 0 fr. 50 l'heure, et jamais cet enfant, devenu jeune homme, ne travaille aux pièces dans notre maison. Inutile de dire que les leçons et démonstrations lui sont données par les ouvriers ou par les contre-maîtres et je certifie que notre maison, tout en formant des ouvriers, y trouve du bénéfice : j'ajouterai que, depuis 10 ans, tout apprenti est tenu de suivre régulièrement les cours techniques de dessin institués par la Ville de Paris, ainsi que les cours de travaux pratiques du dimanche. Chaque apprenti est muni d'un livret, visé par les professeurs et contresigné du contremaître ; et une absence non justifiée oblige le gérant à faire appeler au conseil d'administration le père et l'enfant pour fournir des explications sur les raisons de cette absence.

Depuis 2 ans des cours proprement dits d'apprentissage sont institués tous les jours dans une école de la Ville de 5 heures à 7 heures ; et nos apprentis quittent l'atelier à 5 heures moins un quart pour suivre ces cours ; et l'on a pu constater, depuis la fondation, leur régularité. J'affirme, sans crainte d'être démenti, que depuis le fonctionnement de cette école ils étonnent, par leur hardiesse et même par leur façon de raisonner l'ouvrage, nombre de vieux travailleurs de notre milieu.

Je l'admets : un intérêt direct nous guide à opérer ainsi ; ces jeunes gens sont appelés à nous remplacer et à jouer le double rôle d'entrepreneurs et de producteurs. Nous n'ignorons pas que la connaissance seule du métier est insuffisante, qu'elle doit être doublée d'un enseignement technique, permettant de conduire d'une façon rationnelle le travail, aussi bien dans les devis que dans l'exécution. Mais est-ce que l'industriel n'est pas intéressé au même degré que nous, est-ce qu'une main bien dressée à l'outil et conduite par un cerveau à qui on a donné un complément d'instruction technique ne lui serait pas profitable ? Est-ce que, sur le terrain de la concurrence internationale, il ne reprendrait pas le terrain qu'il a perdu ? Tout cela n'est qu'une question d'organisation et n'entraînerait que d'infimes dépenses.

*
* *

Maintenant parlons des efforts, tentés en ce sens par la Ville de Paris. Dans les écoles communales, grâce au travail manuel à l'atelier et surtout dans les cours complémentaires professionnels presque partout, pour le bois, le fer, on apprend à l'enfant non pas à proprement parler à manier un outil mais au moins à aimer la matière d'œuvre, on lui inculque qu'il n'y a rien de déshonorant à forger, limer, raboter, marteler ; car, malheureusement, cette idée s'implante de plus en plus chez nous que certaines corporations sont plus honorifiques que d'autres ; et l'on verra rarement un ouvrier mettre son fils cultivateur, ou un orfèvre faire de sa progéniture un maçon. Pourquoi ? Je pourrais répondre. Mais cela me ferait sortir du problème qui nous occupe.

Puis nous avons les cours techniques qui fonctionnent le soir et le dimanche matin, et où l'on reçoit indistinctement les apprentis et les ouvriers. De ce mélange résulte un programme bâtard qui ne donne pas les résultats que l'on pourrait être en droit d'en attendre ; mais néanmoins les persévérants y prennent un complément d'instruction professionnelle dont ils tirent profit. Pour mon compte personnel je n'ai véritablement apprécié mon métier que depuis 1898, époque où j'ai suivi régulièrement ces cours ; j'y ai acquis le raisonnement absolu de la manière, et cela m'a permis et me permet aujourd'hui de pouvoir établir des prix de revient aussi facilement qu'un industriel consommé.

Ces cours méritent beaucoup d'encouragement, et peu d'industriels s'y intéressent ; rarement nous avons la visite des parents. Le seul reproche qu'on peut leur adresser c'est de donner l'instruction le soir et le dimanche, en un mot aux heures de repos.

A côté et depuis peu (2 ans environ) sous les auspices de M.

Jully, inspecteur, aidé d'industriels, des cours de demi temps fonctionnent en petit nombre ; espérons qu'ils feront des petits : L'industriel confie ses apprentis de 5 heures à 7 heures du soir, tous les jours, sauf le samedi, à un personnel capable de leur donner ce qu'ils ne trouvent plus à l'atelier, la partie technique et la partie pratique marchant de pair. Les résultats sont merveilleux.. Ce travail en commun et sur un programme bien déterminé qui n'oublie aucune des manipulations fondamentales du métier, est un stimulant de premier ordre ; l'enfant s'y adonne avec plaisir, avec goût ; on y produit du travail raisonné et nullement déprimant pour l'enfant, puisque le temps consacré est pris sur les heures d'atelier.

Je crois que le coût pour chaque élève est d'une moyenne de 60 francs par an. Mais ces cours n'iront pas tout seuls ; il faudra qu'ils soient bien encouragés ; car l'enfant dans l'atelier est détourné par l'ouvrier, jaloux, envieux ; et chose plus triste à dire, par les contremaîtres ombrageux qui craignent souvent de voir sortir de cet enfant un être qui leur serait supérieur.

Je dis ce que j'ai remarqué : habilement interrogés, ces jeunes cœurs se soulagent, et je pourrais donner des noms et citer des ateliers à l'appui de ce que j'avance.

Mais toutes les professions ne peuvent opérer ainsi, ce ne serait pas possible pour le maçon, le plombier et pour bien d'autres, il faut étudier pour ces professions un autre système que je vous soumettrai dans mes conclusions.

Je ne veux pas sortir de ma sphère, et vous parler des écoles Boule, Diderot, en un mot de toutes ces écoles professionnelles. Car ce sont des institutions pour de futurs dirigeants et non des écoles pour former des ouvriers. Seuls, des privilégiés y ont accès par examen et concours ; seuls les parents aisés peuvent faire le sacrifice de frais d'études élevés et les bourses ne sont qu'un leurre, quoique le mot bourse revienne souvent à la bouche de ceux qui prêchent que l'instruction est accessible à tous les Français.

Je ne voudrais pas terminer cette partie de mon exposé sans réfuter à ce sujet les arguments développés ici par M. Villemin.

Prolongeons la scolarité ! disait-il. La réponse, dans notre milieu, lui sera vite donnée. On lui dira : « Nourrissez nos enfants ». Prenons un ouvrier dont le salaire moyen est de 8 francs par jour. A 300 journées de travail effectives, car il faut déduire les dimanches et autres jours de fête, jours de fête pour beaucoup, sauf pour l'ouvrier, le salaire annuel atteint un total de 2.400 francs ; cet ouvrier se trouve chef d'une famille composée de 2 enfants (cela n'est pas exagéré) et de la femme qui les lui a donnés, total 4 bouches. Etablissons ce petit calcul : 2.400 : 365 = 6.60. — 6,60 : 4 = 1,65 à dépenser par jour et par bouche, sans loyer, sans lumière, sans habits, sans blanchissage, sans chauffage, sans indispositions, ni maladie, sans chômage ni retraite ouvrière.

Je laisse à la pensée de mes auditeurs le soin d'approfondir l'économie qui doit présider à tous les actes de ce jeune ménage, et cela pendant des années, pour boucler son budget, au prix où est la vie aujourd'hui.

Parfois je me suis demandé comment il se fait qu'au milieu du luxe étalé il n'y ait pas plus de révoltés, et pourquoi le parti républicain ne cherche pas à organiser le travail d'une façon plus en rapport avec les exigences de la vie.

Donc la scolarité prolongée est condamnée d'avance et rien ne pourrait obliger l'ouvrier à des dépenses matériellement impossibles.

M. Villemin nous disait également que le père de famille devait donner un métier à son enfant, et qu'on devait l'y obliger. — A-t-il pensé au sacrifice immense qu'il demandait au travailleur d'aujourd'hui ? et nous a-t-il indiqué le moyen de lui permettre de faire ce sacrifice ? En supposant qu'un ouvrier puisse le faire, est-ce que le manœuvre, qui gagne 4 fr. 50, 5 francs et 5 fr. 50 par jour, pourra, lui aussi, donner un métier aux siens ? Pourtant il est chef de famille, il a des enfants comme le riche, plus que les riches, intelligents comme eux, ne demandant que leur place au soleil de la vie.

Il nous parle également de l'enfant qui par son courage, son énergie est arrivé à percer, à être quelqu'un. Celui-là est une exception, il ne peut entrer en ligne de compte. J'aurais préféré qu'il nous parlât de la façon dont on instruisait l'apprenti dans le bâtiment où comme partout tout est spécialisé.

Je sais que devant le chômage un homme conscient, quel qu'il soit, s'apitoie sur le sort de ceux qui le subissent ; je sais que des industriels, pour ne pas débaucher, font l'impossible ; je sais que la bonté existe chez beaucoup d'employeurs comme chez beaucoup d'employés ; mais quand un entrepreneur a fait, des enfants qu'on lui a confiés, des spécialistes et que fatalement il sera dans l'obligation de les débaucher une fois leur besogne accomplie, je dis que ce chômage forcé est le fruit intégral de l'apprentissage donné.

En voici un exemple pris dans la corporation de M. Villemin. Un maçon était autrefois aussi bien cimentier que briquetier, aussi bien jointoyeur sur brique que sur moellon, crépisseur et très souvent appareilleur. Aujourd'hui, chacun a sa partie bien distincte et il faut remercier ou faire chômer l'ouvrier quand sa spécialité est achevée et dans nombre de corporations du bâtiment il en est ainsi.

Je ne nie pas que devant la concurrence nationale ou internationale, l'industrie n'a pas intérêt à opérer ainsi ; je sais que l'industrie y trouve son compte ; l'ouvrier habitué ne combat plus, mais si ce procédé peut être appliqué à l'homme, il ne doit pas l'être pour l'enfant.

M. Villemin nous disait également que nombre de petits patrons de province se refusaient à faire des apprentis. Car dès leurs premiers pas, la grande industrie les englobait, les accaparait sans profit pour eux. Est-ce bien là le véritable motif ? je pourrais lui répondre que non. Dans nombre de petites villes où le sens pratique de l'apprentissage n'est pas tout à fait tué, les parents donnent un métier à leurs enfants avec l'espoir de les voir un jour s'établir ; ces apprentis ne sortiront pas de la sphère où ils ont été élevés et deviendront pour les patrons qui les emploient de redoutables concurrents.

Enfin M. Villemin nous indiquait la somme de 350 fr., comme le montant des dépenses qu'entraînait pour un patron la présence d'un apprenti. Mais aucun calcul, aucune démonstration, aucune preuve n'accompagnaient ses dires. Dès lors quelle foi y attacher ?

J'en arrive à mes propositions.

Avant d'entrer dans le détail, il faut que je dise un mot de l'état major qui serait chargé d'étudier, de diriger, de transformer, de surveiller l'apprentissage. Ce contrôle serait fait par des industriels désignés par les chambres de Commerce ou patronales, des conseillers prud'hommes et des ouvriers élus mi-partie par les syndicats et mi-partie dans les ateliers. Les inspecteurs du travail seraient chargés de l'observation des règlements et conventions.

Des écoles de demi-temps seraient organisées dans les écoles sur le système exposé et fonctionnant à Paris. Ces écoles seraient mi-partie municipales, et mi-partie patronales. Dans le conseil d'administration de ces écoles une proportion d'un tiers de voix patronales existera pour empêcher le fonctionnarisme nuisible dans nos milieux industriels.

Ces cours ne seraient pas réglementairement uniformes, je veux dire par là que, pour le bâtiment par exemple, il serait préférable, étant donné quelquefois l'éloignement des chantiers, de fixer le temps d'école par demi-journées, soit le lundi matin et le samedi soir. En chaudronnerie, tôlerie, où l'enfant aide souvent l'ouvrier, un départ quotidien gêne parfois l'industrie et l'on pourrait faire de même, étudier corporativement les moyens propres à ne pas entraver le travail, tout en donnant l'instruction.

Retourner à l'ancien apprentissage d'une façon absolue pour nombre de corporations serait impossible ; néanmoins pour beaucoup on peut y revenir. Cela dépend des métiers :

Classons donc au préalable les maisons par catégories bien distinctes. Nous avons d'abord les maisons qui prennent et veulent former des apprentis. Elles sont à leur tour de deux genres : celles qui peuvent par l'organisation de leur industrie, par leur vente, faire complètement de l'enfant un ouvrier, et les maisons à spécialités.

Nous avons ensuite les maisons qui pourraient faire des apprentis d'une façon complète, mais qui par mauvais vouloir n'en font pas.

Nous avons enfin les maisons qui ne peuvent faire d'apprentis par manque d'importance ou par trop grande variété de spécialités.

Comment procéder dans l'atelier où il y aura moyen de faire un apprentissage complet ? L'industriel devra, pendant au moins la moitié de l'apprentissage, interdire à l'enfant de se servir des machines outils ; tout travail sera fait à la main. Pour les professions où les travaux sont faits à la main, il faudrait revenir au premier apprentissage et pour cela faire passer l'apprenti dans les équipes spécialisées pendant un temps déterminé. Toutefois un réglement délimiterait le temps à donner à chaque spécialité.

Comme exemple, prenons un patron plombier zingueur. L'enfant qu'on lui a confié devra indifféremment travailler la couverture, l'installation d'eau, du gaz, l'hydrothérapie, de même que ces beaux motifs qui décorent les bâtiments de style. On devra donc tantôt le mettre à l'équipe du plomb à eau, tantôt à celle du plomb à gaz, zinc et à celle du plomb décoratif.

Pour la maçonnerie le même principe existera. En serrurerie, l'apprenti forgera, limera, posera lui-même gonds et patères, les scellera s'il est nécessaire, ferrera lui-même portes et croisées, il fera en un mot son métier. Il en sera de même en menuiserie, en peinture, en charpente. Mais j'arrête là mon énumération ; car chaque corporation aura à étudier et à exposer en détail les moyens propres à développer l'apprentissage.

Quant aux trois autres catégories de maisons, je reconnais que la solution est épineuse, connaissant l'esprit frondeur du Français à quelque classe qu'il appartienne.

Les maisons à spécialités, qui désirent former des apprentis, pourraient en recevoir l'autorisation, mais comme compensation elles seraient tenues de faire donner le complément d'instruction qu'elles ne peuvent fournir dans les écoles de demi-temps.

Pour les maisons qui ne veulent pas d'apprentis, quoiqu'elles soient organisées pour cela, je ne vois qu'un moyen de développer l'apprentissage : c'est *l'obligation*, sous forme de rétribution ; je ne vois pas d'autre remède.

Quant aux maisons qui ne peuvent avoir d'apprentis en raison de leur peu d'importance, nous serions obligés de les assimiler aux maisons qui ne veulent pas avoir d'apprentis ; on leur imposerait des apprentis moyennant une rétribution, comme à la catégorie des mauvais vouloirs.

**

Passons au contrat d'apprentissage. Aujourd'hui, c'est un fait acquis, il faut payer l'enfant : agir autrement serait inhumain devant la cherté de la vie.

Ceci dit, l'apprentissage serait, selon moi, contracté sur papier libre et spécifié au livret dont je vais vous parler. De même la cause de rupture du contrat serait spécifiée avec la signature de la commission d'apprentissage.

Si l'enfant est inapte au métier, les parents en seront avisés dans un temps déterminé, suivant les corporations. Un concours de fin d'apprentissage me parait inutile. Une feuille de notes trimestrielles placée dans l'atelier, comme à l'école et quelques objets conservés seront la meilleure preuve des progrès de l'enfant. Puis, le temps d'apprentissage terminé, au lieu de délivrer à l'enfant un de ces vulgaires certificats comme on les donne aujourd'hui et qui attestent des qualités qu'il ne possède pas, revenir à ce petit livret si simple qui n'aurait jamais dû disparaître, dont chaque feuillet est une étape et contient en peu de lignes la moralité, la dignité de l'individu qui n'oserait pas se présenter pour exécuter un travail pour lequel il n'est pas qualifié. En disant cela, j'encours les critiques de mes camarades, mais j'estime que ce livret est la garantie morale et matérielle des deux parties.

Si nous passons à l'œuvre législative qu'il me parait utile de faire aboutir : défense absolue de faire produire à la pièce ou au boni avant l'âge de 18 ans. Pour les ateliers occupant des jeunes filles où cette loi serait enfreinte, l'amende serait double. Le produit des amendes irait à l'achat de matériaux et d'outillage pour les écoles d'apprentissage.

Défense absolue à un industriel de prendre des enfants sous la dénomination d'apprentis, si son genre d'industrie ne peut pas donner le mé ier complet, à moins qu'il n'adhère à l'envoi de ceux-ci dans les écoles. Il pourra les embaucher avec la dénomination de manœuvres, petites mains, mais jamais sous le titre d'apprentis.

On délimite bien le Champagne ; on exige bien des étiquettes sur toutes les marchandises, et sur une question aussi sérieuse, d'où dépendent la vitalité, la prospérité d'un pays, on n'aurait aucune garantie ! J'estime que la question est plus intéressante que le Champagne ou que le vieux Bordeaux des côteaux d'Algérie. Pourquoi ne pas déterminer alors rigoureusement les maisons d'apprentissage ?

La demande pour former des apprentis serait faite par l'industriel et l'autorisation ne serait accordée qu'après avis favorable de la commission d'apprentissage.

Les écoles instituées seraient payées par les industriels, qui ne voudraient pas former d'apprentis ou qui ne pourraient pas en avoir au prorata du nombre de personnes qu'ils emploient, en tenant compte, toutefois, de la richesse de leur industrie.

Je ne veux pas m'étendre plus longuement sur la législation. Inutile de vous dire que ces institutions fonctionneraient dans tous les grands centres et que les petites bourgades arriveraient également bien vite à en profiter.

*
* *

La crise de l'apprentissage signalée dans la grosse et la petite industrie et dénoncée par le patronat nous met, suivant lui, en état d'infériorité créatrice et d'infériorité commerciale à je ne sais quel rang, sur le marché mondial. Je réponds au patronat : les discussions qui ont lieu au sein des chambres de commerce et des chambres syndicales patronales montrent que lorsque l'intérêt de la patrie est en jeu, il arrive trop souvent que chacun l'oublie, n'escomptant que les bénéfices du moment, sans se préoccuper de ce qu'il adviendra demain. Pourquoi rejeter la faute, la responsabilité de la crise de l'apprentissage sur le monde ouvrier, qui n'en peut mais ? Pourquoi lui demander des sacrifices qu'il ne peut matériellement consentir ?

Et les patrons nous demandent notre collaborat on, à nous qui peinons, qui suons, qui marchons comme des aveugles ?

Non, messieurs les patrons. Vous êtes les dirigeants et pour longtemps. Astreignez-vous d'abord à discipliner vos sentiments et vos intérêts, à les subordonner à l'intérêt général. Vous ferez de nous des aides dévoués, des machines meilleures, plus puissantes. De là, à une organisation sociale qui ne serait plus fondée sur l'égoïsme, mais bonne et équitable pour tous, il n'y a qu'un pas, et mon seul désir est que ce pas soit bientôt franchi.

REMBERT.
Ouvrier ferblantier.

*
* *

Nous extrayons du procès-verbal de la séance du 12 juin le passage suivant :

« M. VILLEMIN (le conférencier du 29 mai) prend la parole et se déclare
« heureux d'être d'accord avec M. Rembert sur les points essentiels : lui
« aussi avait protesté contre la spécialisation qui est funeste aux intérêts
« des ouvriers..., lui aussi demande que les patrons organisent l'appren-
« tissage et en fassent les frais. »

Conférence de M. DRON

Vice-Président de la Chambre des Députés
Maire de Tourcoing

LA QUESTION DE L'APPRENTISSAGE
DEVANT LE PARLEMENT

Nous aurions voulu donner aussi *in extenso* la très intéressente conférence que nous fit M. Dron le 29 juin : elle fut improvisée par lui sur de simples notes : ses nombreuses occupations ne lui permirent point de la reconstituer tout d'abord, puis survint ce deuil cruel qui nous interdit d'insister davantage auprès de lui.

Nous donnons : 1° un résumé pris le jour même par l'un de nous pendant la conférence : 2° le projet de loi présenté par M. Dron à la Chambre des Députés. Nos lecteurs auront ainsi, croyons-nous, un aperçu aussi exact que possible de notre quatrième conférence qui résumait et complétait si heureusement les trois premières.

I. — Résumé de la Conférence.

M. Dron remercie ceux à qui appartient l'idée première des conférences auxquelles il a volontiers collabore. Elle ne pouvait naître qu'à la Ligue de l'Enseignement, dont la fameuse pétition, ouverte sous l'impulsion de Jean Macé, son fondateur, produisit l'éveil de l'opinion d'où sortit, quelques dix ans plus tard, le vote des lois Paul Bert, Jules Ferry, Goblet.

L'orateur a été invité, nous dit-il, à résumer les conférences qui ont précédé la sienne, et à exposer où en est, pour l'instant, la question de l'Enseignement professionnel devant le Parlement.

M. Barbe a montré dans son entretien du 22 mai le commencement de la lutte contre l'indifférence générale, contre l'opposition de certains intellectuels à la création d'écoles techniques, ainsi que des efforts du Ministère du Commerce pour neutraliser indifférences et oppositions. Il reconnaît que l'Angleterre et la Belgique nous ont offert dans cet ordre d'idées de remarquables exemples d'initiatives municipales, l'Allemagne, d'impulsions techniques.

La deuxième conférence faite par M. Villemin, président du Groupe des Chambres syndicales du Bâtiment, et présidée par M. Astier, a posé en plein la question de l'apprentissage et mis en face les unes des autres les propositions de M. Astier et celles de M. Villemin lui-même.

M. Dron fait l'analyse des unes et des autres, en constatant que le projet Astier n'est jamais venu aux discussions du Parlement depuis six ans qu'il a été rédigé. Est-ce à cause de ses 68 articles ? L'orateur croit plutôt que cela tient à la méthode de travail du Parlement, méthode qu'il voudrait bien voir modifier.

Quoi qu'il en soit, le projet Astier pose, comme celui de M. Villemin d'ailleurs, le principe de la fréquentation obligatoire des cours d'apprentissage, qui au début, il y a six ans, avait rencontré l'opposition de toutes les Chambres de commerce, à l'exception de celle de Paris.

M. Villemin, un professionnel, l'avait réclamée, avec l'obligation pour les patrons de former des apprentis, dans l'intérêt même des patrons, ajoutait-il. Il voudrait voir se constituer des Sociétés corporatives (un terme archaïque, moyenâgeux, qui sonne mal) par les Chambres de commerce pour l'organisation de l'apprentissage. Mais les ouvriers accepteront-ils de n'y entrer que dans la proportion d'un contre deux patrons ?

A cette obligation de l'apprentissage, les Chambres de commerce sont également hostiles, sauf celle de Paris. Les grands patrons peuvent en assumer les charges, mais les petits ? Celle de Roubaix se refuse à tout sacrifice, et à Tourcoing M. Dron a constaté lui-même la situation fort peu brillante du groupement des Patrons-Tailleurs, surtout si on la compare à ceux de Bruxelles, dont le budget s'est élevé à 31.000 francs ; ils demandent qu'on les aide par des subventions qui se font désirer. Le syndicat des Entrepreneurs de Tourcoing n'a pu quelque chose qu'avec l'aide de la Ville.

En thèse générale, et pour nous résumer, les deux projets ont encouru les reproches :

Celui de M. Astier de donner à l'Etat une trop grande prépondérance confinant à l'arbitraire et outrant la centralisation ;

Celui de M. Villemin, d'accuser trop le caractère patronal, peu sympathique aux ouvriers.

Néanmoins tous deux ont eu le mérite évident d'être présentés, d'être discutés, et de provoquer, en même temps que les objections, d'utiles controverses et de précieuses observations.

Le temps a marché ; on fera mieux, et ils y auront certainement contribué.

L'orateur s'arrête sur la très intéressante conférence du 12 juin, dont l'auteur, M. Rembert, appartient à l'Union des Ouvriers Ferblantiers, conférence pleine d'aperçus vécus. Il en rappelle les points principaux, les vives critiques à l'égard des patrons, des syndicats et des législateurs, qui tous ont une part de responsabilité dans la crise de l'apprentissage, et il répond à quelques-unes avant d'entrer dans le vif du sujet qu'il s'est assigné à lui-même.

Sans méconnaître les services rendus en France par l'instruction publique, M. Dron a été frappé par un fait incontestable. Elle fait, chez nous surtout, des fonctionnaires. Et pourquoi pas des industriels, comme en Belgique ?... C'est ce que pour sa part, il s'est attaché à corriger par les institutions professionnelles dont il a provoqué la création à Tourcoing. Faisant en outre son profit des projets dont il a été parlé et de son expérience propre, il a établi à son tour des propositions nouvelles pour l'organisation de l'apprentissage et de l'Enseignement professionnel.

Le principal de l'obligation, de moins en moins discuté, y est inscrit.

Dans la composition des Comités de patronage, il évite l'arbitraire de l'Etat et l'excès d'une trop grande centralisation par la création d'un Comité départemental régentant les Comités locaux et prenant des décisions laissées jusqu'ici au Gouvernement.

Il voit le meilleur moyen de lutter contre la désertion des campagnes par la diffusion graduelle des cours professionnels dans toutes les communes de France.

Des attributions de ces cours, il ne parle pas, l'expérience n'en étant plus à faire.

Les rapports des divers Ministères pouvant exercer une influence sur ces cours ont besoin d'être fixés ; c'est une tâche qui s'impose.

Les obligations respectives entre patrons et apprentis font l'objet de dispositions empruntées à M. Villemin, pour couper à certaines contestations possibles.

Grosse dépense, dira-t-on. M. Dron, s'appuyant sur des expériences concluantes, démontre, chiffres en mains, que pour 900.000 adolescents de 13 à 18 ans qu'intéresse la loi projetée, il faut environ de 22 à 25 millions. Est-ce trop, en présence des immenses intérêts économiques d'une pareille loi contribuerait à développer ?

Enfin, l'orateur aborde sa conclusion.

Ce qu'il faut, c'est, comme le demande M. Villemin, l'entente entre l'Etat et les patrons, oui, mais en passant par les communes et par les ouvriers et en barrant impitoyablement le chemin à la

politique dans des questions sur lesquelles son action ne peut être
que dissolvante. Une autre préoccupation de M. Villemin est de
neutraliser le formalisme administratif. A Tourcoing, on y a réussi
par la constitution d'un organisme d'une réelle souplesse qui sim-
plifie beaucoup la comptabilité financière de l'œuvre : une Société
de l'Enseignement professionnel du Commerce et de l'Industrie
groupant les éléments techniques et administratifs. Au surplus,
M. Villemin a réalisé quelque chose d'analogue à Limoges, avec
la collaboration de la Chambre de Commerce.

La question approche certainement de sa mise au point et va être
examinée très prochainement par la Commission parlementaire du
Commerce et de l'Industrie, pour s'inscrire ensuite à l'ordre du
jour de la Chambre. La Commission semble disposée à prendre
pour base le projet Astier qu'elle corrigera vraisemblablement.

Au surplus, il est temps d'aboutir, car, quoi qu'on en dise, notre
situation dans l'Economie mondiale est loin d'être ce qu'elle devrait.

Après une paraphrase de la conférence par M. le président Du-
biel, M. Villemin donne, sur certains points, la réplique à M. Dron,
notamment sur l'obligation, dont il s'avoue partisan convaincu, et
sur la nécessité d'adapter l'enseignement primaire à un commencement de préparation de la vie économique du pays ; il ajoute que
dans son projet, les sociétés corporatives sont composées de patrons et d'ouvriers élus comme le sont les conseillers prud'hommes,
donc sur le pied d'égalité.

II. — Projet de loi déposé par M. Dron.

Article 1er.

Les chefs d'établissements industriels ou commerciaux sont tenus
de déclarer à la mairie les noms et adresses des jeunes gens et des
jeunes filles de moins de dix-huit ans qu'ils emploient soit comme
apprentis, soit comme petits ouvriers ou employés.

Ils ne peuvent employer que ceux ou celles qui justifient suivre
régulièrement les cours professionnels municipaux ou des cours
agréés par le *Comité local* d'apprentissage dans les conditions indiquées ci-après :

Ils doivent laisser à ce personnel le temps libre nécessaire pour
suivre ces cours lorsqu'ils ont lieu dans la journée : le temps consacré aux cours de jour faisant partie de la journée de travail.

Article 2.

Il est créé dans chaque commune, sous réserve de la faculté, laissée aux communes de moins de 10.000 habitants par le dernier paragraphe de l'article 3, de s'associer pour l'organisation d'un cours professionnel commun, un COMITÉ LOCAL D'APPRENTISSAGE et dans chaque département un COMITÉ DÉPARTEMENTAL D'APPRENTISSAGE.

Le *Comité local* est composé :

1° Du maire, président de droit ;

2° D'un inspecteur départemental de l'enseignement technique ;

3° De délégués désignés par le Conseil municipal ;

4° De délégués désignés par la Chambre de commerce ;

5° De délégués élus par les ouvriers, ouvrières et employés d'usines ou d'ateliers, conformément au mode électoral de la loi du 17 juillet 1908 sur les Conseils consultatifs du travail ;

6° De délégués élus par les employés de commerce, suivant le mode électoral adopté pour l'élection des prud'hommes ;

7° De l'inspecteur ou de l'inspectrice du travail dans la commune où ils résident ;

8° Du directeur des cours et d'un délégué désigné par les professeurs.

Le nombre des délégués pour chacune des 3ᵉ, 4ᵉ, 5ᵉ et 6ᵉ catégories sera déterminé par le préfet après avis du Comité départemental d'apprentissage.

Deux sections seront établies, l'une pour le contrôle de l'apprentissage des ouvriers et employés, l'autre pour celui des jeunes filles de moins de dix-huit ans. Elles pourront être convoquées séparément sous la réserve que les questions d'ordre général seront examinées en assemblée plénière.

Le *Comité départemental* comprend, sous la présidence du Préfet :

Un inspecteur général de l'enseignement technique ou un inspecteur général adjoint, désigné par le Ministre du Commerce ;

L'inspecteur divisionnaire du travail ou un inspecteur départemental désigné par lui ;

Des conseillers généraux désignés par leurs collègues ;

Des maires, présidents des comités locaux d'apprentissage élus par leurs collègues ;

Des présidents de Chambres de commerce ;

Des représentants des directeurs des cours élus par leurs collègues ;

Dans une proportion qui sera déterminée pour chaque département par arrêté du Ministre du Commerce.

Article 3.

Le *Comité local* d'apprentissage élabore les programmes détaillés des cours industriels et commerciaux à créer dans la commune, en s'inspirant des programmes types arrêtés par le Ministre du Commerce et de l'Industrie après avis du Conseil supérieur de l'enseignement technique.

Il examine les cours privés existants ou susceptibles d'être créés par les Chambres de commerce, les Syndicats patronaux et ouvriers, les Sociétés industrielles, d'enseignement populaire, les particuliers. Si ces cours répondent aux programmes arrêtés pour certaines professions, il peut les agréer.

A défaut de cours privés ou si leur organisation est insuffisante, les communes sont tenues de créer, après avis du *Comité local d'apprentissage*, les cours professionnels publics nécessaires.

L'enseignement des cours professionnels municipaux est gratuit.

Toutes les communes de plus de 20.000 habitants devront avoir créé ces cours pour le 1ᵉʳ octobre de la troisième année qui suivra la promulgation de la loi.

. Un délai supplémentaire de deux ans pourra être accordé aux communes de 10.000 à 20.000 habitants.

Un autre délai supplémentaire de deux ans pourra être accordé aux communes de population inférieure.

Les communes ayant moins de 10.000 habitants auront la faculté de se grouper pour l'organisation de ces cours en se conformant aux dispositions d'un règlement d'administration publique qui sera préparé à cet effet.

Article 4.

Le *Comité local d'apprentissage* détermine les programmes en s'inspirant, dans la mesure du possible, du programme type dont il est parlé au deuxième paragraphe de l'article 12 et surveille le fonctionnement des cours qui sont soumis en outre au contrôle de l'inspection de l'enseignement technique.

A la fin de chaque année scolaire, il adresse un rapport au *Comité départemental* de l'apprentissage.

Le *Comité départemental* centralise les rapports des comités locaux et adresse chaque année, par l'intermédiaire du préfet, un rapport au Ministre du Commerce sur la situation des cours professionnels dans le département.

Le Ministre du Commerce et de l'Industrie centralise les rapports des Comités départementaux et présente, chaque année, au Président de la République, un rapport qui sera publié au *Journal officiel* sur les résultats de l'application de la présente loi.

Lorsque le *Comité départemental* estime que les cours d'une commune sont insuffisants, le préfet peut, après avis de l'inspection de l'enseignement technique, mettre le maire en demeure d'organiser les cours sur des bases différentes.

Si cette mise en demeure reste sans effet, le préfet peut, après un nouvel avis du *Comité départemental* d'apprentissage, imposer une organisation des cours.

Toutefois, le maire, d'accord avec la majorité des membres du comité local d'apprentissage, a le droit d'en appeler au Ministre du Commerce qui statue après avis de la Commission permanente du Conseil supérieur de l'enseignement technique.

Article 5.

Les communes sont tenues de mettre à la disposition des intéressés les locaux, le matériel et le personnel indispensables pour satisfaire aux exigences de l'article premier.

L'installation aura lieu dans les locaux ou dépendances de l'école pratique de commerce et d'industrie partout où elle existera.

Là où elle fera défaut, cette installation sera assurée à frais communs par le Ministère du Commerce et par les communes pour ce qui est des constructions et du matériel.

En ce qui concerne le personnel, il sera désigné par le maire, sur la proposition du *Comité local d'apprentissage*, et choisi de préférence parmi les professeurs de l'enseignement technique et aussi parmi les directeurs, contremaîtres ou ouvriers de la région.

A défaut de professeurs de l'enregistrement technique, il sera fait appel, dans la mesure utile, au personnel enseignant de l'instruction publique.

Les membres du personnel enseignant peuvent être révoqués par le maire, après avis conforme du *Comité local d'apprentissage*, qui devra les entendre.

En cas de désaccord entre le maire et le *Comité local d'apprentissage*, soit pour les nominations ou la fixation des traitements et du nombre d'heures de service, soit pour les révocations, la décision appartiendrait au Préfet, après consultation du *Comité départemental d'apprentissage*.

Article 6.

Dans le cas où, pour faciliter l'organisation des cours d'apprentissage, une commune jugerait nécessaire de fonder, soit une école pratique de commerce et d'industrie, soit une école primaire supérieure, soit un établissement conjugué réalisant la juxtaposition de ces deux écoles placées sous une direction unique, sa demande serait soumise à l'examen d'une Commission interministérielle composée comme il est dit à l'article 8.

Article 7.

Cette Commission, au reçu de la demande motivée et après examen des besoins locaux et des éléments de recrutement, appréciera si la fondation de l'école projetée doit être rattachée au Ministère du Commerce, ou au Ministère de l'Instruction publique, ou bien aux deux à la fois, lorsqu'il s'agira d'un établissement formé par deux écoles juxtaposées sous une direction unique, comme il a été dit à l'article 6.

Elle donnera son avis sur l'importance et la répartition des sacrifices à consentir pour réaliser cette fondation.

Article 8.

Elle sera composée de deux délégués du Ministère du Commerce : le directeur de l'enseignement technique et un inspecteur général ;

Le deux délégués du Ministère de l'Instruction publique : le directeur de l'enseignement primaire et un inspecteur général ;

D'un délégué du Ministère du Travail : le directeur du travail ;

D'un délégué du Ministère de l'Agriculture : le directeur de l'agriculture ;

D'un délégué du Ministère des Finances : le directeur général de 'a comptabilité publique ;

D'un membre élu par le Conseil supérieur de l'enseignement technique ;

D'un membre élu par le Conseil supérieur de l'Instruction publique.

Un règlement d'administration publique réglera les conditions dans lesquelles sera choisi le directeur de l'école quand celle-ci aura un caractère mixte par la collaboration des personnels appartenant aux deux Ministères du Commerce et de l'Instruction publique.

Article 9.

Les dépenses de création et d'aménagement des cours professionnels collectifs, pour tout ce qui peut être considéré comme immobilier, sont réparties également entre la commune et l'Etat, sous réserve de l'approbation préalable des plans et devis par le Ministre du Commerce.

Les frais d'entretien des bâtiments, de chauffage, d'éclairage et de propreté sont entièrement à la charge de la commune.

Les dépenses de fonctionnement comprenant les traitements du personnel, l'achat des matières nécessaires au travail des ateliers, les fournitures classiques, l'outillage élémentaire, même les machines-outils d'un emploi courant qui peuvent être considérées comme objets mobiliers, sont réparties entre la commune, l'Etat et les chefs d'entreprise, dans les proportions ci-après :

1° 1/4 à la charge de la commune ;

2° 1/4 à la charge de l'Etat ;

3° 1/2 à la charge des chefs d'entreprise.

Un règlement d'administration publique déterminera les bases et la perception de cette dernière contribution suivant les indications formulées aux articles 15 et 16 de la présente loi.

Les frais d'entretien à la charge des communes sont compris parmi les dépenses obligatoires prévues à l'article 136 de la loi municipale de 1884.

Article 10.

Les cours professionnels auront lieu :

a) Soit pendant le temps de travail à l'usine et à l'atelier, là où ce travail ne souffrirait pas de l'absence momentanée de l'ensemble des apprentis ou d'une partie d'entre eux si le roulement était établi ;

b) Soit en prélevant le temps du cours, moitié sur la fin et moitié après la fin de la journée de travail.

Le *Comité local d'apprentissage* règle la durée des cours et leur fréquence, variables suivant les métiers ; détermine les heures auxquelles ils auront lieu en tenant compte tant des exigences de chaque profession que du nombre des apprentis à répartir entre les cours théoriques et pratiques.

Toute réclamation ou protestation contre les dispositions prises sera, après avis du Conseil municipal, soumise au *Comité départemental d'apprentissage* par le Préfet qui, après cette double consultation, décidera.

Appel de la décision du préfet peut être porté devant le Ministre du Commerce qui statue en dernier ressort après avis de la

Commission permanente du Conseil supérieur de l'enseignement technique.

Article 11.

Le chef d'établissement est tenu de s'assurer de l'assiduité aux cours de ses jeunes ouvriers et employés, en visant une fois par mois le livret distribué obligatoirement par la commune à chacun d'eux, livret qui lui sera communiqué par le directeur des cours et sur lequel figureront les présences contrôlées et les absences.

Dans le cas d'absences réitérées, le directeur des cours en avisera la famille, le *Comité local d'apprentissage* et le chef d'établissement. Ce dernier s'efforcera d'obtenir l'engagement de fréquenter régulièrement les cours ; si cette mise en demeure restait infructueuse, il préviendrait l'apprenti qu'il ne peut plus l'occuper et, dans le mois suivant, il devrait se priver de ses services.

Article 12.

Les jeunes gens et les jeunes filles qui ont suivi pendant trois ans au moins les cours, sont admis à concourir pour le certificat d'études professionnelles, lequel dispense de l'obligation de les fréquenter.

Les épreuves théoriques et pratiques de l'examen seront déterminées par le *Comité local d'apprentissage* en s'inspirant du programme type qui sera dressé par le Conseil supérieur de l'enseignement technique et en l'adaptant aux besoins particuliers de l'industrie et du commerce de la localité ou de la région.

Le jury d'examen est composé : de l'inspecteur départemental technique ou de son suppléant désigné par le préfet, président ; des professeurs des cours ; d'un nombre égal de patrons et d'ouvriers ou employés de la profession, choisis par le préfet, autant que possible parmi les membres du *Comité local d'apprentissage*.

La fréquentation des cours restera obligatoire pour tous ceux, âgés de moins de dix-huit ans, qui n'auront pu obtenir le certificat. Les ajournés auront la faculté de se présenter de nouveau aux examens qui auront lieu, à leur intention, deux fois par an, avant Pâques et au commencement d'octobre.

Néanmoins, dispense complète de suivre les cours pourrait être accordée exceptionnellement à ceux qui, malgré leur bonne volonté, seraient notoirement incapables d'en tirer profit.

Article 13.

Le chef d'établissement est dispensé des obligations qui lui incombent, d'après la présente loi, en ce qui concerne les facilités qu'il doit donner à ses apprentis pour suivre les cours et le contrôle qu'il doit exercer concernant la régularité de leur fréquentation, quand les jeunes gens ou les jeunes filles de moins de dix-huit ans justifient :

1° De la possession d'un diplôme ou d'un certificat délivré par une école publique d'enseignement technique ;

2° De l'obtention du certificat d'apprentissage prévu à l'article 12 ;

3° De la fréquentation régulière des cours d'une école publique régionale des beaux-arts.

Le chef d'établissement peut encore se soustraire aux obligations qui le concernent personnellement et qui viennent d'être rappelées, en instituant lui-même dans ses usines ou ateliers, pour ses propres apprentis, des cours théoriques et pratiques dont les conditions d'organisation (horaire, durée et programmes) seront assimilables à celles des cours collectifs obligatoires. L'article 12 leur est applicable pour la fréquentation et l'obtention du certificat d'études professionnelles.

L'ouverture de ces cours sera subordonnée à l'agrément de l'inspection technique, dont le refus d'approbation devrait faire l'objet d'un rapport motivé. L'inspection technique aura aussi exclusivement le contrôle immédiat du fonctionnement de ces cours.

En cas de conflit entre le chef d'établissement et l'inspection technique, soit au sujet de l'ouverture d'un cours, soit à raison de son insuffisance pouvant entraîner un arrêté de fermeture, le préfet décidera, après avis du *Comité local d'apprentissage* et sur le rapport d'experts-arbitres désignés par lui, s'il le juge utile.

Le chef d'établissement dont le cours d'apprentissage est régulièrement autorisé, est dispensé de la contribution prévue à l'article 9.

Article 14.

Les patrons et les jeunes ouvriers ou employés sont tenus les uns vis-à-vis des autres aux obligations ci-après :

Même sans qu'il existe un contrat écrit ou verbal, suivant le vœu de la loi du 22 février 1851, et uniquement en raison des stipulations de la présente loi visant la fréquentation obligatoire des cours professionnels, le patron doit, tout le temps que dure l'apprentissage, occuper normalement l'adolescent ouvrier qui suit les cours professionnels.

Il ne peut le renvoyer, à moins de griefs sérieux, pour le remplacer par un autre qui ne serait plus astreint à suivre lesdits cours professionnels.

Les infractions aux dispositions qui précèdent seraient justiciables des sanctions prévues à l'article 20.

Réciproquement, l'apprenti ne peut offrir ses services à d'autres patrons de la localité ou de localités contiguës à celle de son domicile, pour obtenir de meilleures conditions de travail et de salaire.

Le patron qui consentirait à embaucher un adolescent non muni du certificat qui clôture les cours professionnels devrait réparation du préjudice causé à son collègue chez lequel cet adolescent ouvrier était antérieurement embauché.

La juridiction compétente est celle des prud'hommes.

Article 15.

Le patron doit avoir un nombre d'apprentis proportionnel au nombre des ouvriers adultes ou des employés occupés dans son établissement. Cette proportion sera déterminée par le *Comité départemental d'apprentissage* sur proposition du *Comité local.*

Article 16.

Tout chef d'entreprise ou d'industrie, qui occupera un nombre d'apprentis inférieur à la proportion fixée comme il est dit à l'article ci-dessus, devra payer, pour chaque apprenti manquant, une taxe dont la quotité sera égale à la moyenne des frais qu'aura entraînés dans le cours de l'exercice précédent l'éducation d'un apprenti de la profession.

Cette moyenne sera mentionnée dans le rapport du *Comité local* visé au paragraphe 2 de l'article 4 et applicable sous réserve d'appel au préfet qui décidera après avis du *Comité départemental.*

Article 17.

Le chef d'établissement qui aura contrevenu aux dispositions des articles 1er et 11 recevra, pour la première fois, un avertissement du *Comité local d'apprentissage.*

En cas de récidive, cet avertissement sera affiché à la porte de la mairie pendant huit jours.

Article 18.

En cas de deuxième récidive dans les douze mois qui suivront la seconde infraction, le contrevenant sera poursuivi devant le tribunal de simple police et passible d'une amende de 5 à 15 francs.

L'amende sera appliquée autant de fois qu'il y aura de personnes, jeunes garçons ou jeunes filles de moins de dix-huit ans, en contravention.

Toutefois, la peine ne sera pas applicable si la contravention dressée a été le résultat d'une erreur provenant de la production d'un acte de naissance ou autres pièces contenant de fausses énonciations ou bien délivrées pour une autre personne.

Le chef d'établissement est civilement responsable des condamnations prononcées contre les directeurs ou gérants.

Article 19.

En cas de nouvelle récidive dans les douze mois qui suivront la troisième infraction, le contrevenant sera poursuivi devant le tribunal correctionnel et puni d'une amende de 16 à 100 francs.

L'amende sera appliquée autant de fois qu'il aura été relevé de personnes en contravention.

Les tribunaux correctionnels pourront appliquer les dispositions de l'article 163 du Code pénal sur les circonstances atténuantes, sans qu'en aucun cas l'amende, pour chaque contravention, puisse être inférieure à 5 francs. Le tribunal correctionnel peut, suivant les circonstances, ordonner l'affichage du jugement et son insertion dans un ou plusieurs journaux du département, le tout aux frais du contrevenant.

Article 20.

Les parents ou tuteurs qui, dûment avertis, seraient complices des absences répétées de leurs enfants ou pupilles, ou qui les empêcheraient de suivre les cours professionnels obligatoires, seraient justiciables :

Pour la première fois, de l'avertissement affiché pendant huit jours à la porte de la mairie ;

En cas de récidive, de l'amende de 5 francs en simple police ;

En cas de nouvelle récidive, de l'amende de 16 francs devant le tribunal correctionnel, avec affichage des dits jugements à la mairie.

Article 21

L'inspecteur du travail, l'inspecteur de l'enseignement technique et le maire, président du *Comité local d'apprentissage*, agissant au nom de ce dernier, pourront requérir la production des livrets de fréquentation ; ceux-ci seront tenus par le directeur des cours et communiqués mensuellement au chef d'établissement.

Les mêmes sont chargés d'assurer l'exécution de la présente loi.

Des règlements d'administration publique préciseront les mesures d'organisation nécessaires pour son fonctionnement.

Article 22.

La présente loi est applicable à l'Algérie.

M. René LEBLANC

Inspecteur général honoraire de l'Instruction publique

L'APPRENTISSAGE AGRICOLE EN FRANCE

Ainsi que nous l'annonçons au début, nous avons tenu à compléter ce volume consacré à l'Enseignement professionnel, en y ajoutant une conférence qui n'a point été faite en même temps que les quatre précédentes, — mais qui, émanant de notre honorable ami, M. René Leblanc, inspecteur général honoraire de l'Instruction publique, si connu pour sa haute compétence dans l'Enseignement agricole, avait sa place toute marquée dans ce recueil.

Le texte en a été déjà distribué aux auditeurs des conférences Barbe, Villemin, Rembert et Dron ; nous l'avons pris dans la publication « Questions Modernes », nᵒˢ d'avril et mai 1911.

OBSERVATIONS GÉNÉRALES.

Dans l'étude, toute d'actualité, des questions d'apprentissage, les professions industrielles et commerciales tiennent la première place : en matière d'enseignement technique, au moins pour le début, l'agriculture semble reléguée au second plan. On oublie ainsi, d'une part, que la culture du sol fait vivre la moitié des travailleurs et des producteurs français et que, d'autre part, un simple progrès cultural se traduit souvent, quand il se généralise, par une augmentation de recettes de plusieurs millions.

Dans un plan de cours destiné aux écoles normales, M. E. Tisserand insistait déjà en 1880, sur l'importance du plus petit progrès en agriculture ; tout récemment, à l'occasion de la discussion du budget de 1911, M. Plissonnier donnait des exemples de plus-values se chiffrant par centaines de millions ; il démontrait, par exemple, que si le rendement de cinq denrées alimentaires seulement (blé, orge, avoine, seigle, pomme de terre) atteignait, chez nous, celui de l'Allemagne, le bénéfice annuel augmenterait de *deux milliards* pour nos cultivateurs. La terre allemande ne vaut pas plus que la nôtre, ajoutait-il ; si elle produit davantage, cela tient à un seul facteur : l'enseignement agricole dispensé chez nos voisins autrement que chez nous. Comme conclusion, l'honorable député appuyait la motion suivante déposée par ses deux collègues, M. Thierry Cazes et Charles Deloncle, et votée aux applaudissements de l'assemblée.

« La Chambre invite le ministre de l'Instruction publique à prendre les mesures nécessaires au développement de l'enseignement agricole primaire et dans nos campagnes, notamment : en renouvelant l'instruction du 4 janvier 1897 (1), en réorganisant l'enseignement agricole dans les écoles normales, en revisant l'arrêté du 25 octobre 1910, de façon à donner une sanction efficace aux examens du certificat d'études normales, et en multipliant les cours temporaires d'hiver pour les adultes.

« La Chambre compte sur le ministre de l'Instruction publique ainsi que sur le dévouement des inspecteurs et des maîtres de l'enseignement primaire, pour que l'éducation agricole donne les résultats féconds attendus par la démocratie rurale. » (*Journal Officiel*, 21.2.11, page 810).

A cette question clairement développée à la tribune, le ministre répondit par la promesse formelle d'une réorganisation prochaine dans le sens indiqué au projet de résolution. La presse agricole s'empressa d'enregistrer l'engagement ministériel ; mais quelques revues rappelèrent les vœux analogues vainement renouvelés depuis quinze ans, l'une des plus optimistes déclara même que si les démarches et faveur de l'enseignement agricole aboutissent un jour, c'est qu'alors il y aura quelque chose de changé à l'Instruction publique. Nul ne conteste les bonnes intentions du Parlement, mais chacun constate qu'elles restent souvent inopérantes ; elles se heurtent, dit-on, à un gros obstacle : la force d'inertie des bureaux ; d'aucuns ajoutent, la mauvaise volonté. La presque totalité des universitaires dirigeants demeurant étrangère aux choses techniques, la résistance passive incriminée ne résulterait-elle pas plutôt d'une crainte ou d'une méfiance injustifiée ?

Quoi qu'il en soit, deux faits demeurent indéniables : l'insuffisance des rendements agricoles en France, et la possibilité de les augmenter. Un mal constaté, et qui s'aggrave, appelle nécessairement un prompt remède.

On a bien essayé, en ces dernières années, d'étendre, sinon de généraliser l'institution des écoles pratiques d'agriculture et des

(1) La Ligue de l'Enseignement vient de faire réimprimer l'ancien document, qui forme une brochure de 32 pages illustrées de 20 figures ; elle l'adresse *gratis et franco* à qui la lui demande : il suffit d'envoyer sa carte de visite avec la mention « Instruction agricole », au Chef du secrétariat, 3, rue Récamier, Paris (VIIe).

sections agricoles d'écoles primaires supérieures ; l'effectif total des deux genres d'établissements oscille, sans tendance à l'augmentation, autour de 2.000 élèves répartis en deux ou trois années. Il en faudrait cent fois plus ! Mais comme il est impossible de centupler les dépenses, ou même de les décupler, une solution économique s'impose.

Cette solution existe en germe dans le projet de résolution voté par la Chambre ; elle serait d'autant plus satisfaisante que l'expérience l'a déjà sanctionnée, et qu'elle n'exige pas, comme s'il s'agissait de l'enseignement professionnel industriel ou commercial, le vote d'une nouvelle loi. Pour assurer, à la masse des futurs travailleurs du sol, les connaissances théoriques et pratiques reconnues indispensables désormais à toute culture rémunératrice, il suffirait en effet de réorganiser, dans les écoles rurales, l'enseignement agricole prévu par la réglementation actuelle, et de multiplier les cours temporaires d'hiver.

Voyons d'abord ce qui est à la fois désirable et possible à l'école primaire, la seule que fréquentera, de longtemps encore, la masse des futurs travailleurs du sol ; nous examinerons ensuite comment on pourrait organiser à peu de frais, et *sur plusieurs centaines de points du territoire*, des cours temporaires d'agriculture où l'on enseignerait au fils ce qu'ignore le père, laissant à celui-ci le soin de faire le reste.

Notions scientiques agricoles rurales

Préparation à l'apprentissage.

Des notions élémentaires de sciences appliquées à l'agriculture furent introduites, pour la première fois dans l'enseignement primaire, par les lois du 16 juin 1879 et du 28 mars 1882 ; les règlements organiques de 1887 précisèrent le caractère et les limites de ces notions dont l'étude serait sanctionnée ensuite par une épreuve au certificat d'études primaires.

Tout d'abord le programme fut exagéré et la sanction illusoire, mais, en 1885, une commission mixte instituée par les deux ministères de l'Agriculture et de l'Instruction publique rédigea un plan de cours destiné à guider les maîtres dans leur nouvelle tâche : ce guide pratique est l'*Instruction ministérielle du 4 janvier* 1897, que le Parlement voudrait voir renouveler, parce que son application donna, de 1898 à 1903, des résultats très encourageants. Mais les heureuses tentatives du début ont été abandonnées, et si quelques instituteurs sont, par caractère, par tournure d'esprit, des apôtres du progrès agricole, on ne leur en sait pas toujours gré ; souvent même. c'est M. J. Méline qui le constate, on les décourage.

L'enseignement agricole au degré primaire ne rencontre pas que-des partisans dans le monde universitaire ; on l'accuse de porter préjudice à l'enseignement général ; on a même prétendu, à la tribune parlementaire, que l'enfant n'est ni préparé à le recevoir, ni capable de le comprendre, et que les leçons qu'il rapportera de l'école seront plutôt mal reçues dans la famille. C'est se méprendre absolument sur le but poursuivi : il ne s'agit pas de faire, de l'écolier, un professeur pour ses aînés, mais simplement de le préparer 'lui-même à recevoir l'instruction professionnelle qu'on cherche à organiser pour les adultes. La commission mixte avait prévu ces objections et, d'avance, elle en a fait justice dans les directions pédagogiques placées en tête de son « Instruction » de 1897, directions qu'il ne sera pas superflu de rappeler ici.

« L'enseignement des *notions* d'agriculture que peut comporter le programme de l'école élémentaire doit s'adresser beaucoup moins à la mémoire des enfants qu'à leur intelligence ; il doit s'appuyer sur l'observation des faits journaliers de la vie agricole et sur une expérimentation simple, appropriée aux ressources matérielles dont dispose l'école, et destinée à mettre en évidence les notions scientifiques fondamentales des opérations culturales les plus importantes. Ce qu'il faut surtout apprendre aux enfants, à l'école rurale, c'est le pourquoi de ces opérations avec l'explication des phénomènes qui les accompagnent, et non le détail des procédés d'exécution, encore moins un résumé de préceptes, de définitions ou de recettes agricoles. Connaître les conditions essentielles du développement des végétaux cultivés, comprendre la raison d'être des travaux habituels de la culture ordinaire et celle des règles d'hygiène de l'homme et des animaux domestiques, voilà ce qu'il faudrait apprendre d'abord au futur agriculteur, et l'on n'y peut parvenir que par la méthode expérimentale.

« C'est dire qu'un maître ferait fausse route, dont l'enseignement agricole consisterait uniquement dans l'étude et la récitation, par l'élève, d'un manuel d'agriculture, si bien conçu que fût ce manuel ; il faut nécessairement recourir à des expériences très simples et surtout à l'observation.

« En effet, c'est seulement en mettant le phénomène à observer sous les yeux des enfants qu'on pourra leur apprendre à observer, qu'on pourra établir, dans leur esprit, les idées fondamentales sur lesquelles repose la science agricole moderne, idées que l'écolier campagnard ne peut acquérir qu'à l'école où il ne sera jamais nécessaire de lui enseigner ce que son père sait mieux que l'instituteur, et qu'il apprendra sûrement par sa propre expérience pratique.

« L'école doit se borner à préparer l'enfant à l'apprentissage intelligent du métier qui le fera vivre, et à lui donner le goût de sa future profession ; à cet égard, le maître ne devra jamais oublier que le meilleur moyen de faire aimer à un ouvrier son ouvrage, c'est de lui en faire comprendre les opérations principales.

« Le but à atteindre par l'enseignement agricole primaire c'est, en résumé, d'initier le plus grand nombre des enfants de nos campagnes aux connaissances élémentaires indispensables pour lire avec fruit un livre d'agriculture moderne, pour suivre avec profit une conférence agricole ; c'est de leur inspirer l'amour de la vie des champs et le désir de ne point la changer pour celle de la ville ou de l'usine ; c'est de les pénétrer de cette vérité que le métier d'agriculteur, le plus indépendant de tous, est plus rémunérateur que beaucoup d'autres pour tout praticien laborieux, intelligent et instruit. »

Comme application de ces directions pédagogiques, l'« Instruction officielle », illustrée de gravures, indique clairement les expériences que le maître réalisera de concert avec ses plus grands élèves : en classe, pendant l'hiver ; au jardin, pendant la belle saison.

L'ensemble des cultures démonstratives, des exercices de greffage, des visites agricoles, etc., constitue un véritable cours élémentaire d'agriculture théorique et pratique ; il est réservé aux deux dernières années de scolarité obligatoire, c'est-à-dire aux enfants de 11 à 13 ans, et il se renferme dans les limites fixées par l'emploi du temps. Les « notions » mises expérimentalement à portée de leur intelligence sont des mieux choisies pour concourir au *développement de l'esprit d'observation* et à *l'éducation scientifique* des jeunes ruraux : l'enseignement général y trouve son compte comme l'enseignement professionnel, l'un vient en aide à l'autre sans lui porter préjudice, et les deux se complètent mutuellement si le maître comprend son rôle.

Les instituteurs actuellement en fonctions n'ont pas tous été préparés à leur nouvelle tâche : les inspecteurs encourageront donc les efforts, les bonnes volontés : c'est à eux qu'il appartient de ne pas laisser l'épreuve d'agriculture au certificat d'études primaires redevenir illusoire. Si elle est choisie dans l'Instruction officielle même, comme le prescrivent les règlements (circulaires du 12 janvier 1898 et du 10 août 1908), le caractère élémentaire, scientifique et pratique qu'on a voulu lui donner sera maintenu, et l'enseignement agricole de l'école rurale atteindra son but.

Quant à la préparation des instituteurs pour l'avenir, elle est du domaine de l'Ecole normale où malheureusement, depuis 1905, l'enseignement agricole, abandonné de plus en plus, est devenu un accessoire négligeable.

Les élèves maîtres s'intéresseront au cours du professeur départemental, aux manipulations et travaux agricoles, quand on le voudra : il suffirait que les notes obtenues, en ces matières, pussent entraîner un échec à l'examen du certificat de fin d'études normales.

COURS TEMPORAIRES D'ENSEIGNEMENT TECHNIQUE AGRICOLE

Chaque année, il naît en France environ 150.000 garçons qui demanderont leurs moyens d'existence à l'agriculture : quel enseignement professionnel recevront-ils ?

Environ 50.000 d'entre eux obtiendront, de 12 à 14 ans, le certificat d'études : si la réglementation actuelle est appliquée, ils auront fait preuve d'une bonne instruction générale primaire et, en outre, de leur aptitude à profiter d'un enseignement technique adapté à leurs futurs besoins : mais où le trouveront-ils ? Car ils sont plus de 100.000, de 13 à 18 ans seulement, déduction faite d'un beaucoup plus grand nombre dont l'instruction n'est que rudimetaire ou déjà bien effacée.

Une centaine d'écoles du degré primaire supérieur ont organisé l'enseignement professionnel agricole, mais elles sont peu fréquentées. Pourquoi les familles rurales dédaignent-elles un enseignement aussi utile, aussi nécessaire à leurs enfants, même quand on le leur offre gratuitement ?

Nous avons répondu jadis (1) à cette question : c'est que le père de famille consent difficilement à se priver de la collaboration de son jeune garçon pendant deux ou trois années consécutives, d'abord parce qu'il ne peut guère s'en passer à la saison des travaux. Et puis, il estime généralement que les exercices pratiques réalisés sous la direction du chef de culture, dans les terres de l'école, ne sont pas meilleurs que ceux qu'il exécute lui-même dans ses propres champs. Quant à la théorie, dont il se méfie, il désirerait bien que son fils fût moins ignorant que lui sur ce sujet, et il consentirait volontiers quelques sacrifices à cet égard : mais lorsqu'il calcule le prix de revient de la scolarité complète dans une école pratique ou une école primaire supérieure, et qu'il y ajoute les gages et l'entretien du valet de ferme qui remplacera l'absent, ses bonnes intentions s'évanouissent.

(1) Cf. *L'Enseignement professionnel en France au début du* XXᵉ *siècle;* page 45 à 51, 129 à 137 et 293 à 308. — Librairie Cornély, 3 fr. 50.

Voilà des raisons qui expliquent l'état stationnaire des effectifs dans les écoles pratiques d'agriculture ; elles indiquent aussi la nature du remède à apporter au mal : il s'agirait de trouver le moyen de laisser le jeune homme participer à l'exploitation paternelle pendant la belle saison, et de profiter de l'hiver pour lui enseigner ce que son père ne saurait lui apprendre. Les cours temporaires d'agriculture, limités à la morte-saison, remplissent ces deux conditions essentielles : ils reçoivent les élèves à partir de 13 ans, moyennant un examen d'admission s'ils ne sont pas pourvus du certificat d'études primaires.

Les tentatives réalisées à ce sujet, en ces dernières années, ont donné des résultats encourageants ; elles ont prouvé que l'innovation peut s'étendre, sans grands frais, aux écoles primaires supérieures rurales, même à certains cours complémentaires, aux écoles pratiques d'agriculture, à des collèges, à des lycées et, d'une manière générale, aux établissements scolaires offrant des locaux utilisables, partout où l'on peut réunir un personnel enseignant capable.

Naturellement, le succès dépendra des qualités de ce personnel ; mais il ne suffirait pas que celui-ci fût scientifiquement à la hauteur de sa tâche : il doit, en outre, être pénétré du caractère spécial de l'organisation et du but à atteindre ; il faut qu'il sache rompre avec les habitudes classiques appropriées à une instruction plus large, plus désintéressée, et demandant un temps dont on ne saurait disposer dans un cours temporaire ; il faut notamment que l'enseignement des sciences soit limité aux sujets utiles et strictement nécessaires à la compréhension des pratiques culturales.

La durée total de la scolarité est ordinairement de huit mois répartis, de novembre à mars, sur deux hivers, le programme étant limité, répétons-le, aux connaissances théoriques et pratiques indispensables à la conduite intelligente et économique des exploitations agricoles de la région, notamment des principales cultures intensives.

Trois maîtres appartenant déjà à d'autres services d'enseignement et pouvant disposer, au total, d'une dizaine d'heures par semaine, en hiver, suffisent aux leçons théoriques placées, de préférence, le matin : un professeur d'agriculture préposé à la direction de l'ensemble, un professeur de sciences expérimentales et un instituteur (ou deux) chargé spécialement des applications mathématiques, du dessin et du français.

Les leçons d'agriculture et de science se complètent mutuellement : les unes servent de préparation, de complément ou d'application aux autres. Pour établir, dès le début, l'harmonie entre les deux cours, on peut consacrer une leçon chaque jour, pendant les premières semaines, aux sciences expérimentales, et commencer seulement l'agriculture quand elle peut s'appuyer sur des données scientifiques bien établies.

Le PROGRAMME A SUIVRE, dans les cours temporaires, est facile à dresser : on en trouvera les éléments au commencement de l'« Instruction » précitée, *édition de la Ligue de l'enseignement.* (Voir ci-devant, page 82).

Il convient de placer en première année, c'est-à-dire pendant les quatre premiers mois, l'étude la plus importante, celle de l'agriculture proprement dite qui sera revisée et complétée en seconde année. Les notions de zootechnie, d'hygiène rurale, de mutualité, de prévoyance sociale et, en général, l'étude très élémentaire de questions se rapportant spécialement à la situation économique de la région, trouveront place en seconde année.

L'ensemble de ce programme pourra être suffisamment développé, par les deux professeurs, en une centaine de leçons d'une heure et demie, revisions et interrogations comprises ; soit 75 heures à demander, pendant quatre mois à chacun d'eux, pour employer la moitié des matinées. L'autre moitié sera utilisée par le ou les instituteurs dont le rôle consiste principalement à guider les élèves dans des travaux personnels tels que :

Résolution de problèmes usuels, évaluation du prix des denrées, des engrais commerciaux, d'après le cours du marché, des éléments fertilisants enlevés au sol par une récolte, balance, rations alimentaires ; établissement de comptes, pièces comptables, effets, bordereaux ; rédaction de correspondance adressée à des associations, comices, clients ou fournisseurs, administrations diverses ; projets de comptes rendus d'une excursion, d'une visite, d'expériences ou d'observations ; relevé de croquis, avec mise au net à l'échelle, d'un organe de machine, d'une construction, d'un plan de propriété.

Les exercices de l'après-midi comprennent des travaux manuels à l'atelier, des expériences au laboratoire, des visites ou excursions dans le voisinage.

A l'atelier, on ne se propose l'apprentissage d'aucun métier, mais simplement une initiation au maniement des principaux outils du charron, du menuisier, du tonnelier, du vannier, au besoin du maréchal-ferrant, du bourrelier : on cherche à donner, au futur ouvrier des champs, le goût des travaux utiles à la maison, de ceux qu'on peut exécuter en hiver ou les jours de pluie ; on lui montre qu'avec un peu de soin, d'attention et de bonne volonté, chacun peut se tirer d'affaire dans les menues préparations de l'outillage, du harnachement, des écuries, etc.

Les jeunes gens s'intéressent particulièrement aux manipulations sur les engrais et produits chimiques dont ils feront usage ; la mise en train et la conduite d'une fermentation, d'une distillation ne rencontre jamais d'indifférence, pas plus que les opérations sur le lait et ses dérivés.

Des visites à la gare du chemin de fer, au poids public, à l'abattoir, au moulin, à l'atelier de construction de machines agricoles, s'il y a lieu, ou à la ferme qui en fait usage, fournissent les sujets des meilleures leçons de choses. On profite également des circonstances locales ou accidentelles, ici d'une foire ou d'un marché important, là de l'abattage d'un bovin tuberculeux, etc.

Avant la clôture du cours d'hiver, les élèves préparent, sous la direction du professeur d'agriculture, au jardin ou au champ de démonstrations, des essais qui seront poursuivis en leur absence et qu'ils reviendront voir quelquefois au cours de la végétation et à la maturité. En outre, ils se documentent, de façon précise, sur les expériences qu'ils réaliseront eux-mêmes dans les propriétés paternelles.

Les maîtres préposés au service de l'après-midi sont le plus souvent étrangers au personnel de l'établissement où le cours temporaire est installé, sauf en ce qui concerne les travaux d'atelier, s'ils existent déjà ; à l'occasion, on fait appel, pour quelques heures seulement, à un menuisier ou un charron du voisinage, à un bourrelier, un vannier, un tonnelier, même un vétérinaire.

LE BUDGET A PRÉVOIR comprend la rémunération des leçons et exercices spéciaux aux élèves du cours temporaire, pendant les deux périodes d'hiver, exercices ou cours n'ayant rien de commun avec ceux de l'établissement qui prête ses locaux.

D'après les évaluations précédentes, le total des heures à rémunérer, pour le matin, s'élève environ à 300, tout compris : il en faut compter autant pour l'après-midi : soit un total de 600 heures représentant le travail d'un seul maître dont le service serait de 15 heures par semaines, pendant toute l'année. Aux taux des heures supplémentaires dans les écoles primaires supérieures, le crédit total à prévoir serait au minimum de 1.500 francs pour une organisation complète, c'est-à-dire pour un cours temporaire comprenant une division de première, et une de seconde année. Dès le début, alors que le cours ne comporte qu'une division, la dépense annuelle n'atteindrait pas un millier de francs.

Si donc le Parlement accordait, comme les deux derniers congrès de la Ligue de l'Enseignement en ont exprimé le vœu, et comme on l'a demandé à la tribune de la Chambre, une premier crédit de 100.000 francs pour l'organisation des cours temporaires d'agriculture, c'est deux ou trois mille jeunes ruraux qui pourraient en profiter dès l'hiver prochain.

L'année suivante, l'effectif pourrait être doublé sans que l'Etat doublât ses dépenses : l'expérience prouve, en effet, que les communes consentent volontiers des sacrifices à une fin déterminée si elles sont subventionnées pour le même objet. C'est ainsi, par exemple, qu'en 1907 et 1908, et aussi depuis, l'outillage d'une vingtaine d'écoles primaires supérieures s'accrut d'un matériel moderne valant, tout installé, plus d'un million, la participation de l'Etat n'ayant pas dépassé le crédit annuel de 300.000 francs inscrit au budget.

Il serait équitable de subventionner, de préférence, les communes qui ont préalablement réuni les premières ressources, et ainsi l'Etat n'aurait à supporter que la moitié de la dépense totale. Celle-ci, comme on peut s'en convaincre par les chiffres précédents, oscille autour de 40 francs par tête et par an ; c'est le prix de revient d'une organisation similaire qui mérite d'être citée comme une modèle du genre : les cours techniques de la Ville de Paris.

Il reste une dépense à la charge des familles : elle est insignifiante pour celles qui habitent à proximité de l'établissement où a lieu le cours temporaire. Généralement le recrutement se fait sur un rayon assez étendu : quand les moyens de communication s'y prêtent, les jeunes gens viennent chaque matin et s'en retournent le soir : les frais se bornent, dans ce cas, à ceux du déjeuner et d'un abonnement de chemin de fer. Dans la plupart des cas, c'est la pension complète qu'il faut payer : en général, elle ne dépasse pas 50 francs par mois, soit 200 francs pour un hiver.

Il ne paraît pas possible de trouver une organisation à la fois plus satisfaisante et moins coûteuse que celle qui vient d'être brièvement esquissée (1) : les familles, les municipalités, les comités de patronage qui ont pu l'apprécier s'en déclarent satisfaits. Dans l'hypothèse précédente, on peut évaluer à 5.000 le nombre de jeunes gens qui pourraient profiter, dès la seconde année, d'un enseignement agricole venant combler, en attendant mieux, les plus grosses lacunes de l'éducation professionnelle rurale.

Qu'adviendrait-il si, prochainement, les paysans de France, dans la proportion d'un dixième seulement, étaient à même de donner le bon exemple en appliquant les conseils des agronomes ? —

____

(1) Cf. *L'Enseignement professionnel en France*, ouvrage déjà cité.

Les évaluations de M. Plissonnier (V. p. 81) seraient assurément dépassées et l'augmentation des bénéfices, à la campagne, aurait une heureuse répercussion sur les affaires des centres commerciaux et industriels de notre pays.

Conclusions.

L'apprentissage agricole, comme tous les autres, comprend deux genres de connaissances que doit acquérir l'apprenti : les connaissances techniques permettant de raisonner les opérations du métier, de les perfectionner, et les connaissances pratiques comportant une habileté manuelle spéciale qui facilite l'exécution de ces opérations.

La pratique s'acquiert par une longue expérience : c'est donc avec son père surtout que le jeune agriculteur apprendra à bien conduire sa charrue. Et comme la plupart des cultivateurs, des vignerons sont fils d'agriculteurs, de vignerons, la partie pratique de leur apprentissage sera généralement assurée : l'organisation de la partie technique incombera seule aux administrations compétentes.

Ainsi qu'on vient de le voir, l'application des « Instructions officielles » à l'école rurale constituera une excellente *préparation* à l'apprentissage agricole : mais on n'en saurait demander davantage sans risquer un surmenage fâcheux ou un empiètement inacceptable sur les matières fondamentales de l'enseignement élémentaire. Même réduite à cette *préparation*, l'instruction agricole de l'école rurale ne portera néanmoins ses fruits que si elle est confiée à des maîtres capables de la donner judicieusement : c'est pourquoi il faut assurer, par l'école normale, le recrutement, pour l'avenir, des instituteurs ruraux. A cet effet, il faut et il suffit que les lois et règlements sur la matière soient appliqués.

Pour les instituteurs en fonctions, il conviendrait de renouveler les tentatives de 1898-1903 si malheureusement abandonnées et pourtant si concluantes.

C'est à l'administration de l'Instruction publique qu'incombe ce double devoir : elle seule peut avoir, dans ses attributions, le service des écoles primaires et celui des écoles normales.

Mais en est-il de même des enseignements techniques destinés aux adolescents et, en particulier, des cours temporaires d'agriculture ? — L'expérience semble répondre négativement.

Plusieurs projets de cours d'hiver, élaborés en ces derniers temps, n'ont pas abouti par la faute de l'administration universitaire : ici, des formalités méticuleuses ont ajourné désespérément l'ouverture des cours ; là, le personnel enseignant s'est trouvé insuffisant, ou au-dessous de sa tâche ; ailleurs, les jeunes gens, ne recevant pas le genre d'instruction qu'ils venaient chercher, ne sont plus revenus. Partout, au contraire, où les initiatives et les bonnes volontés ont été encouragées, ou bien se sont affranchies d'entraves tatillonnes, les résultats ont été des plus concluants. Ces constatations indiquent la voie à suivre pour l'avenir.

Aucun établissement universitaire n'est outillé pour préparer des professeurs d'agriculture : or, c'est à un ingénieur agronome, ayant fait preuve en outre de qualités professorales, qu'il convient de confier non seulement l'enseignement agricole dans un cours temporaire, mais encore la direction de l'ensemble : de plus, le professeur spécial d'agriculture est tout indiqué pour assurer un bon recrutement dans une région dont il doit connaître, mieux que personne, les besoins et les aspirations.

L'œuvre qu'il s'agit de mettre sur pied paraît naturellement ressortir au ministère de l'Agriculture où l'on peut disposer, dès maintenant, d'un personnel technique suffisant. Moyennant une « entente cordiale » réalisée jadis, et qui peut facilement se rétablir entre deux administrations poursuivant un but commun, toutes les chances de succès seraient assurées à la nouvelle institution : il suffirait que l'Instruction publique consentît à prêter ses locaux disponibles et, en outre, quelques-uns de ses maîtres pour l'enseignement général.

Il va de soi que les cours temporaires n'auront jamais en vue la concurrence aux écoles pratiques : celles-ci participeront même à la nouvelle organisation, et ce sera pour elles un moyen de se faire connaître davantage et partant mieux apprécier.

De récentes discussions parlementaires viennent d'établir, une fois encore, la nécessité de plus en plus pressante, pour notre première industrie nationale, du développement de l'enseignement technique agricole : ce développement aurait d'abord pour conséquence économique l'augmentation de la production française : il en aurait une autre non moins importante et consécutive à la première : les fils des moyens et petits propriétaires, convaincus de la possibilité de gagner largement et honorablement leur vie en cultivant l'héritage paternel, ne songeraient plus à l'abandonner pour courir les chances d'un avenir incertain à la ville ou à l'usine.

Ces considérations doivent suffire pour assurer, à l'éducation professionnelle des jeunes ruraux, toute la bienveillance des pouvoirs publics.

Vœux émis sur l'Enseignement Professionnel

par les

Congrès de la Ligue française de l'Enseignement

Tenus à Bordeaux (octobre 1911) et à Gérardmer (août 1912)

CONGRES DE BORDEAUX

Enseignement industriel.

I. — Du Pré-Apprentissage.

1° Que la limite de la scolarité soit fixée à 13 ans, au minimum sans que l'obtention du certificat d'études primaires puisse abaisser cette limite d'âge.

2° Que l'enseignement du travail manuel proprement dit dans le pré-apprentissage, soit préparé par les leçons de choses éducatives des sens, des cours de dessin, des causeries familières et visites d'ateliers divers ; qu'il soit ensuite développé, tant par l'installation d'ateliers spéciaux dans les écoles où cela sera possible que par la fréquentation, pour les élèves des autres écoles, à certaines heures de certains jours, d'ateliers voisins.

3° Que soit organisée la préparation de maîtres spéciaux pouvant donner un enseignement concret et pratique aux élèves-maîtres des écoles normales, avec, pour ceux-ci, sanction et prime aux plus habiles à la fin de leurs études.

II. — De l'apprentissage.

Le Congrès, en s'associant aux vœux émis ci-après (4° à 12°) adoptés le 5 octobre par le *Congrès national de l'apprentissage tenu à Roubaix*, demande que les programmes des cours comprennent, outre les notions techniques, une partie intellectuelle, morale et civique complétant l'enseignement primaire.

4° Que les Pouvoirs publics fassent disparaître de nos lois et en particulier de la loi de 1900 les dispositions pouvant nuire à l'apprentissage.

5° Que les jeunes gens de moins de 18 ans, employés dans l'industrie et le commerce, soient obligés de fréquenter, sauf justification de connaissances professionnelles suffisantes, les cours d'apprentissage qui seront institués, autant que possible, pendant la journée légale de travail, de manière à ne pas troubler outre mesure le travail de l'atelier ou de l'usine, et que les chefs d'entreprise soient tenus de leur permettre cette fréquentation.

6° Que l'élaboration des programmes, la direction et la surveillance des cours professionnels soient confiées à des comités locaux d'apprentissage dont feront partie des délégués de Chambre de commerce et des Chambres syndicales patronales et ouvrières, des représentants d'associations d'anciens élèves, des représentants élus des patrons et des ouvriers, concurremment avec des représentants de l'Etat et des communes, dans des proportions telles que l'élément professionnel y occupe une place prépondérante.

7° Que soient reconnues les institutions dues à l'initiative privée qui justifieront remplir toutes les conditions requises pour satisfaire aux exigences de l'apprentissage, avec possibilité de les encourager par des subventions ; que soit mis à la charge de l'Etat ou des communes, les frais de création d'aménagement et d'entretien des locaux servant aux cours professionnels, les dépenses de fonctionnement étant réparties par moitié entre les chefs d'entreprise d'une part et l'Etat et les communes d'autre part.

8° Que les écoles professionnelles et les écoles pratiques de commerce et d'industrie soient utilisées comme centres d'organisation de ces cours auxquels elles pourraient fournir du personnel enseignant, des locaux, des ateliers et du matériel.

9° Que soient fixées les obligations réciproques imposées aux chefs d'entreprise et aux apprentis, de manière à donner à chacune des parties la garantie que l'apprentissage ne lui sera pas dommageable.

10° Qu'un contrat les lie les uns aux autres pendant sa durée.

11° Qu'il soit remis des certificats de fin d'apprentissage qui auront pour but unique de libérer les parties de leurs obligations.

12° Que des examens d'apprentis soient organisés pour délivrer des diplômes pouvant constater la capacité professionnelle des enfants.

13° Que le contrat d'apprentissage interdise au patron de spécialiser l'apprenti dans une des branches de son industrie et l'oblige, au contraire, à le faire travailler successivement dans toutes les branches.

14° Que soit institué un concours général entre tous les artisans français, comprenant deux catégories : 1° Jeunes artisans âgés de moins de 20 ans ; 2° Catégorie de ceux ayant dépassé cet âge ; concours qui serait suivi d'une exposition organisée à Paris, avec possibilité toutefois de faire circuler les œuvres primées dans toutes les régions de la France.

15° Qu'en attendant l'organisation de l'apprentissage par la voie législative sur la base des vœux précédents, les cours de perfectionnement destinés à compléter les cours professionnels actuellement existants soient encouragées et adaptés aussi utilement que possible aux besoins de l'apprentissage des diverses professions; qu'à cet effet, il soit immédiatement institué des comités locaux, départementaux ou régionaux, composés de représentants des autorités locales, des chambres de commerce et des groupements corporatifs, lesquels seront chargés de concourir à l'orientation professionnelle des cours subventionnés par l'État et à contribuer au développement de l'enseignement technique basé sur les besoins régionaux, en s'inspirant, au surplus, de la loi du 2 novembre 1892 (art 25) dont l'application n'a été, jusqu'à présent, que partielle.

ENSEIGNEMENT PROFESSIONNEL AGRICOLE.

16° Que le personnel préposé à l'inspection des écoles rurales soit invité officiellement à assurer l'application de l'instruction du 13 mai 1911, notamment en ce qui concerne le choix et le jugement de l'épreuve d'agriculture au certificat d'études primaires, et que ladite « instruction » soit répandue, au besoin par les soins de la Ligue, dans toutes les écoles publiques où elle est encore ignorée et qu'en outre les instituteurs soient invités à diriger le plus possible les fils des agriculteurs aisés vers les écoles pratiques d'agriculture, et les fils de cultivateurs vers les fermes-écoles.

17° Qu'une entente s'établisse, sans nouveaux retards, entre les deux administrations de l'agriculture et de l'instruction publique pour rendre fructueux, dans les écoles normales, l'enseignement agricole ou ménager, théorique et pratique ; qu'un brevet agricole ou ménager délivré par l'agriculture, accessible au personnel des écoles élémentaires, notamment aux anciens normaliens ou normaliennes pourvus du certificat de fin d'études noramles avec mention spéciale, assure, à son titulaire, une rémunération supplémentaire.

18° Que les cours temporaires, agricoles ou ménagers soient multipliés de façon à créer des types devant servir de modèles pour une extension prochaine et qu'un crédit suffisant soit inscrit à cet effet au budget de l'agriculture, dès 1912, et qu'ensuite, un enseignement semi-agricole ou ménager et semi-général, soit organisé et progressivement rendu obligatoire pour les filles et les garçons de 13 à 17 ans et donné par un personnel compétent.

19° Que le personnel des écoles pratiques d'agriculture soit recruté au concours.

20° Que les titulaires de chaires départementales et spéciales d'agriculture soient détournés le moins possible de leur mission d'enseignement professionnel et populaire.

21° Que l'enseignement de l'agriculture soit régulièrement donné par eux dans les trois années des écoles normales, avec sanction et prime à leur sortie ; qu'il soit en outre complété par des travaux pratiques au champ de démonstration, sous la direction d'un maître technique.

22° Que les communes s'associent pour la création de ces champs de démonstration auprès de chaque école rurale.

23° Que chaque fois que l'Etat, le département, les communes et les associations privées voudront encourager l'enseignement primaire agricole par des récompenses accordées aux instituteurs, institutrices et élèves, cette attribution soit précédée d'un concours ou d'une enquête faite sur place par une personne ou un jury compétent.

24° Que des professeurs d'agriculture soient tenus, alors que la loi aujourd'hui ne leur en fait point une obligation, de se mettre dans les centres importants à la disposition des propriétaires pour leur donner toutes indications utiles.

Vœux divers.

25° Que les associations d'anciens élèves-patronages, qui ont déjà rendu tant de services et sont appelés à en rendre plus encore si elles obtiennent non seulement la protection mais l'aide des Pouvoirs publics et la reconnaissance, plus facile, d'utilité publique quand elles sont dans les conditions requises pour cela, soient associées par les Comités locaux au patronage des apprentis.

26° Que ces sociétés post-scolaires collaborent à l'œuvre de ces patronages, notamment par une subvention en rapport avec chacune d'elles et par l'organisation de certains cours d'instruction professionnelle complémentaire.

27° Qu'elles contribuent concurremment avec les syndicats ouvriers et patronaux, les chambres de commerce, les communes, départements et l'Etat, à créer des caisses destinées à indemniser les parents pauvres dont les enfants en apprentissage ne gagnent rien.

28° Qu'elles aident à l'éclosion des vocations en prêtant leur concours à l'école, par l'organisation de causeries aux élèves et aux parents, leur montrant les avantages et les inconvénients des diverses carrières ; de visites d'ateliers, d'usines, de maisons de commerce, pour compléter ces causeries ; par un effort sérieux tenté auprès des parents pour les mettre en garde contre l'appât d'un gain immédiat, placés le plus souvent, à leur sortie de classe, chez le plus offrant.

29° Qu'afin de faciliter aux femmes l'accès des carrières administratives et en particulier les emplois de rédacteurs dans les ministères, les Pouvoirs publics rapportent le règlement leur en interdisant l'entrée et que ces emplois soient accessibles aux deux sexes munis des mêmes diplômes.

30° Que la sténo-dactylographie, dont l'enseignement est obligatoire dans les écoles pratiques et les sections commerciales des écoles primaires supérieures, figurent au programme des examens de fin d'année, au même titre que les autres matières et que des sections spéciales donnant cet enseignement soient organisées dans les cours supérieurs et complémentaires des écoles primaires.

31° Que l'initiative privée s'occupant de cet enseignement soit encouragée par les Pouvoirs publics : subventions, dons de machines à écrire, etc.

32° Que l'attention de M. le ministre du Commerce et de l'industrie, celle de M. le ministre de l'Agriculture, soient appelées sur la nécessité de donner l'*enseignement de la gymnastique* dans les écoles nationales d'agriculture, de commerce, d'arts et métiers.

33° Que la surveillance des inspecteurs et des inspectrices du travail soit plus active, au besoin que leur nombre soit augmenté, afin qu'ils puissent, sans difficulté, exercer leur mission de protection des ouvriers et ouvrières et en particulier des jeunes apprentis, notamment en ce qui concerne le cubage d'air et l'éclairage des salles de travail.

CONGRES DE GERARDMER

Sur l'Enseignement professionnel.

1° Qu'un *atelier de travail manuel*, analogue à ceux des écoles parisiennes, soit installé dans chaque école urbaine importante, en province, conformément à la loi ;

2° Que cet atelier permette d'organiser des cours techniques ou de préapprentissage pour les jeunes gens de plus de treize ans ; que cette organisation s'étende aux cours complémentaires, écoles primaires supérieures et écoles pratiques, et qu'il soit fait appel au concours des associations intéressées pour cette réalisation;

3° Que le personnel préposé à l'inspection des *écoles rurales* soit invité officiellement à assurer l'application de l'instruction ministérielle du 13 mai 1911, notamment en ce qui concerne le choix et le jugement de l'*épreuve d'agriculture* au certificat d'études primaires ;

4° Qu'en attendant une nouvelle loi sur l'enseignement agricole populaire, des mesures administratives soient prises d'urgence pour mettre normaliens et normaliennes à même de donner avec fruit, dans les écoles rurales, un enseignement expérimental préparatoire à l'*apprentissage agricole moderne*, ou à la vie domestique ;

5° Que les cours temporaires, *agricoles* et *ménagers*, soient multipliés de façon à créer des types devant servir de modèles pour extension prochaine ;

6° Que les conseils généraux qui ne l'ont pas fait encore soient invités par les deux ministères de l'Agriculture et de l'Instruction publique à organiser un cours ambulant d'enseignement ménager, accessible non seulement aux jeunes filles de quinze à vingt ans, mais aussi aux normaliens de 3ᵉ année.

Sur l'Enseignement ménager.

1° Que des cours normaux ou des écoles normales soient créés pour préparer des professeurs spéciaux à l'enseignement ménager;

2° Que les municipalités, aidées des bonnes volontés, fondent ou subventionnent partout des cours ménagers, fixes ou ambulants, destinés aux jeunes filles des écoles et aux adultes de la classe populaire rurale ou urbaine ;

3° Que poursuivant le rétablissement intégral de l'article 4 de la loi du 28 mars 1882 sur l'obligation, qui fixait la sortie de l'école à treize ans, on envisage l'enseignement ménager obligatoire pendant la dernière année de la scolarité;

4° Que, sous toutes les formes qu'il voudra prendre, on encourage l'apprentissage professionnel des besognes ménagères.

TABLE DES MATIERES

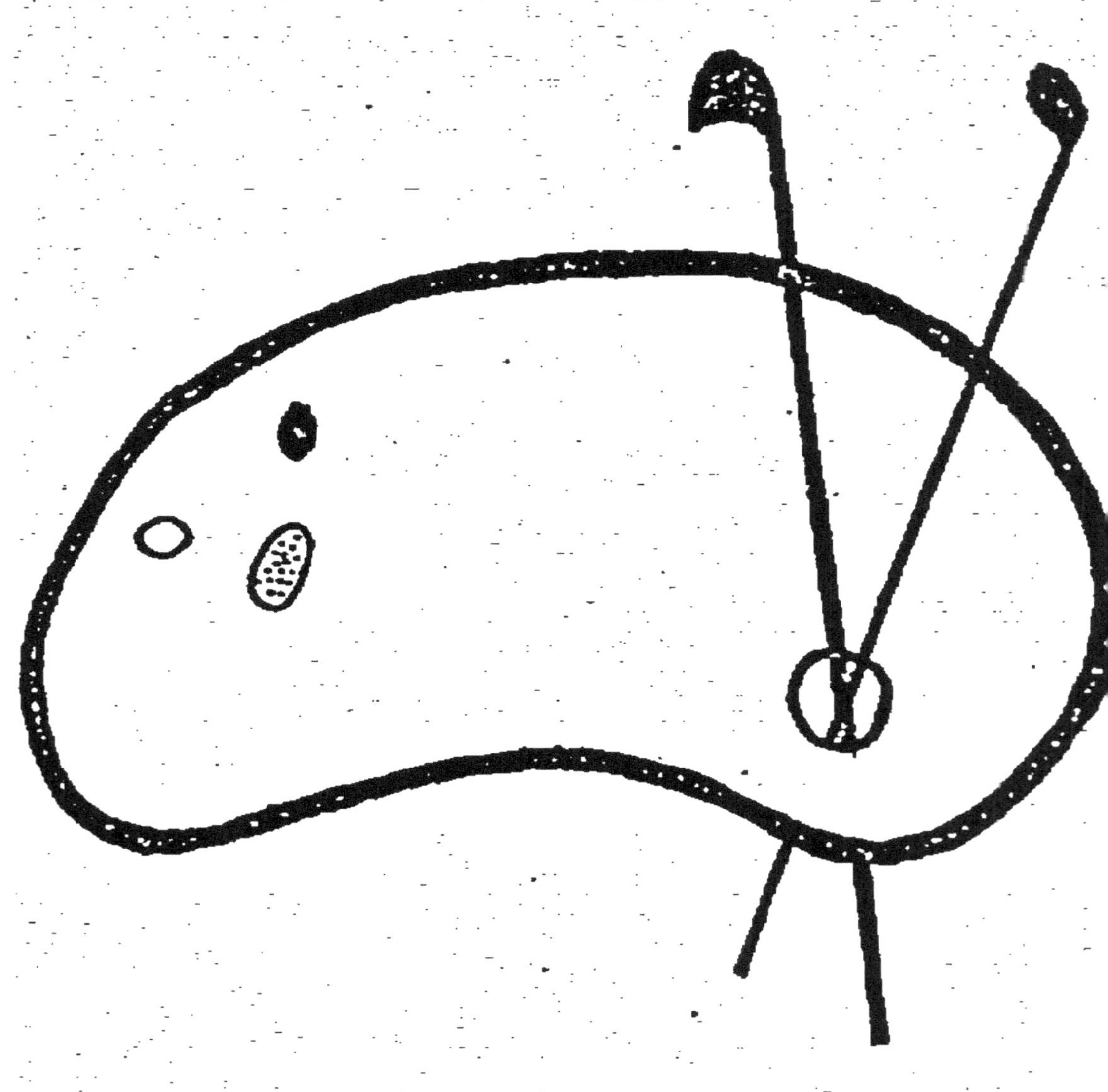

ORIGINAL EN COULEUR

NF Z 43-120-8